世界大恐慌

1929年に何がおこったか

秋元英一

講談社学術文庫

目次

世界大恐慌

一九二九年に何がおこったか

プロローグ　大恐慌はくりかえされるか

サブプライム・ローン破綻に端を発した金融危機

二〇〇七年六月、アメリカ大手証券会社のベアー・スターンズ社傘下のヘッジファンド二社がサブプライム・ローンを含む債務担保証券への投資により多額の損失を抱え、破綻の危機に陥った。すでにこの年の三月には多くの住宅ローン会社にローンの延滞や焦げ付きが急増していることが明らかとなり、四月にはサブプライム住宅ローン会社のニューセンチュリー・ファイナンシャル社が破綻した。これにともなって広がった世界的な株安は、いったん収束した。しかしながら、六月の危機にさいしては、アメリカの格付会社がサブプライム・ローン証券の大量格下げを発表し、全面的金融収縮の不安からアメリカ発の株安が債券高、円高を生み、八月に危機はヨーロッパに飛び火した。フランスの大手銀行BNPパリバはサブプライム関連商品を扱っていた傘下の三つのファンドを凍結した。九月にはイギリスのノーザン・ロック銀行が取り付け騒ぎを起こし、イギリス財務省による同行預金全額保護に発展した。

二〇〇八年三月、ベアー・スターンズ社が破綻の危機に陥り、アメリカ政府が救済に乗り出し、結局JPモルガン・チェースが吸収合併した。九月、政府系住宅金融機関、「ファニーメイ」（連邦住宅抵当公庫）と「フレディマック」（連邦住宅貸付抵当公社）とがアメリカ政府の管理下となった。大手証券会社、リーマン・ブラザーズが連邦政府の支援を受けることなく破綻し、今日にまで続く金融危機の発端となった。残る証券大手、モルガン・スタンレーとゴールドマン・サックスは銀行持株会社への移行を決定した。連邦議会下院では緊急経済安定化法案が否決され、ダウ平均は暴落した。この法案は一〇月に入って修正のうえ可決された。

この間、アメリカ連邦準備理事会（ＦＲＢ）はフェデラルファンド金利を五・二五パーセントから一・〇パーセントまで引き下げ、ヨーロッパとの同時利下げも行った。アメリカのダウ平均は一年で四八パーセント下落、一〇月だけでも三八・四パーセント下落した。日本の日経平均は一〇月だけで、五〇・六パーセント暴落した。その後、日米ともにゼロ金利に近づいた。

アメリカでは、金融危機がじわじわと実体経済に影を落とし始めており、失業率は六パーセントを超え、企業倒産も増加、自動車三社、ＧＭ、フォード、クライスラーは破綻に直面している。議会と次期オバマ政権の対応が注目されている。日本でもトヨタをはじめとする自動車メーカーの損失が拡大し、アメリカの自動車不振と相まって、日本の部品メーカーや、多くの関連企業の雇用削減の動きが広まっている。

世界的合意は困難化するか

日本はつい最近まで一九九〇年代平成不況という長期のデフレに苦しめられ、数年前にやっと景気が上向きだした矢先のことである。連邦準備理事会前議長グリーンスパンは、今回の金融危機を百年に一度の津波と表現し、日銀の白川方明《しらかわまさあき》総裁は一九二九年大恐慌以来のことだとしながらも、当時とは政策対応が異なるので、大恐慌に発展することはないだろうとの見通しを示した。白川氏以外にも大恐慌以来の危機だとする見方は多い。だが、その大恐慌という歴史的経験が多くの人びとによく理解されているとはいえないのである。

それと、アメリカの大手証券会社が相次いで破綻、あるいは業態転換を行ったことをもってアメリカ型金融資本主義が終焉《しゅうえん》したのだとする論調も目立つ。戦後のブレトンウッズ通貨体制がドル本位制だったことから、先回りをしてアメリカのドル体制は終焉を迎えたとする見方もある。イラク戦争の〈失敗〉もあるので、アメリカの経済的覇権が以前よりも弱まったことはたしかであろう。しかし、今回のようなバブルが破裂しても、また何年かすれば、別種のバブルがつくり出され、経済成長をある程度支持する役割を果たす一方では、それがはじけたときには、多くの富が短期間に失われるかもしれない。大事なことは、それぞれのバブルの因果関係をきちんと総括しておくことであろう。

また、アメリカの地位が低下したとすると、今後、より多極化した世界では、重要な政治経済的問題について各国相互間で結論を得るのは、これまでよりもはるかに時間がかかり、しんどいプロセスを必要とするということになろう。こうしたことは、すでに世界貿易機関（ＷＴＯ）の関税交渉や北朝鮮をめぐる六ヵ国協議にあらわれているのではないか。地球温暖化対策をめぐる合意達成には、さらにじっくりと時間をかけなくてはならないかもしれない。

本書は、二〇世紀最大の恐慌、一九二九年大恐慌の歴史的経験を、アメリカにおけるその発現と経済政策との関連を中心にふりかえることを主たる内容としているが、同時にまた今日の世界的不況にたいして、何らかの教訓を歴史から引き出そうとする意図も秘めている。

アメリカ経済のイメージ

ここで、アメリカ経済の歴史的特質についておおざっぱな見通しを示しておくことが必要であろう。アメリカ経済の一般的イメージは、グローバリゼーションと市場経済化が世界中のどの国や地域よりも進展し、他方で、情報技術（ＩＴ）をベースにして、情報ネットワーク化、サービス化が進み、いわゆるニューエコノミーが経済を牽《けん》引《いん》しているというものであろう。企業活動の自由度は高く、労働者も独立的で解雇されやすく、逆に再就職も比較的容易であり、ヨーロッパ諸国よりは失業率は低く、他方で賃金レートの伸びは停滞気味か、実質的低下を見ている。また、所得分配の両極化が近年顕著であることが批判されている。

アメリカ中心の「ＩＴバブル」が二〇〇〇〜〇一年にはじけて景気後退に陥ったことから、ニューエコノミーも終わったとする考えかたがあるが、グローバリゼーションとＩＴ革命の進展がインターネットやパソコン、携帯電話を通ずる新たな起業やＥコマースなどの商業機会の増大をもたらす傾向は現在も続いていると考えられる。何よりも、一九九五年以降、ＩＴは生産性とは関係ない、との通説がついに逆転され、金融危機の直前まで生産性の上昇はつづいたのである。「景気循環は終わった」といった極端な楽観論に注意する必要はあるものの、依然として経済成長にとって重要なフロンティアの領域だと考えていいのではないか。一九二〇年代にも恐慌のない「新しい経済」時代の到来ということがさかんに主張された。一九二九年大恐慌の直前にも、もはやアメリカでは景気循環は消滅したのだとの楽観論が横行したと、景気循環論の草分けで知られるミッチェル（Wesley C. Mitchell，一八七四〜一九四八）が述べている（*Recent Economic Changes in the United States : Report of the Committee on Recent Economic Changes, of the President's Conference on Unemployment*〔McGraw-Hill Book Co, NY, 1929〕, 890.）。これを産業構造の転換の問題として考えると、一九二〇年代と一九三〇年代全体を通じて、新たな産業構造が展望されたともいえるのである。

経済のセイフティネットの整備と規制

これから見ていくように、大恐慌という現実が当時の政権をして、遅れていたアメリカの社会保障を制度としてととのえさせ、一九二〇年代のバブルをもたらした一因と考えられたさまざまな企業慣行は批判の的となり、グラス＝スティーガル法により銀行業務と証券業務の兼業が禁止された。証券取引委員会という監督機関も設けられた。老後の年金と失業保険がセイフティネットとしては重要だが、ほかにも、一定金額までは銀行の破産時にも預金が政府によって保護されることとなり、突然の銀行閉鎖によってもなけなしの預金がゼロになることはなくなった。

ただ、大恐慌から何年もたち、大量失業や賃金の底知れない低下という現実がしだいにだれの記憶からも薄れてくると、規制のなかのあるものは自由競争にとって阻害的と考えられるようになるのも不思議ではない。こうして証券・銀行兼業規制は廃止されたし、大恐慌下で制度が始まった児童扶助（ＡＤＣ）がのちに拡充されて「要扶養児童家族扶助」（ＡＦＤＣ）となったのち、悪い福祉の代名詞のように扱われてきたという事例もある。生活保護もしばしば貧困者の労働意欲を失わせるものという理由づけがされ、新自由主義改革のターゲットとなったりする。こうして、ニューディール的改革やセイフティネット整備は守勢に回ることになる。

不況からデフレへ、そしてふたたび景気悪化

ところで、一九二〇年代を特徴づけた「永遠の繁栄」はつづかなかった。上昇をつづけた株価は一九二九年一〇月二四日の暗黒の木曜日を境に急落し、四年間もの長期におよぶ世界恐慌となった。アメリカから始まった恐慌はヨーロッパや日本に波及し、その余波がふたたびアメリカ市場をおそうにいたって、アメリカの景気はたんなる不況から真性のデフレーションに転化した。当時のフーヴァー政権は景気が悪化す

るたびに経済政策が保守化するという具合で、そのデフレ政策は恐慌深化に貢献した。一九三三年にフーヴァーを引き継いだローズヴェルトはリフレーション政策で景気回復への足がかりをつかんで、消費や投資が上向いた。農業や工業の復興策も矢継ぎばやにとられ、失業対策も実施された。だが、早くも一九三六年に景気が過熱していると読んだローズヴェルトは消極策に転じ、ここでふたたび一九三七〜三八年恐慌が起きる。言葉の真の意味でのケインズ政策がアメリカで採用されたのは、この恐慌のあとだった。

大恐慌ののち、資本主義各国はさまざまな形で経済に対する規制や介入を強め、不況=雨降りのときの備えを万全にした。失業保険や老齢年金、預金保険機構、投機の防止などが整備され、第二次大戦後は資本主義にとって新しい時代の到来だとされた。両大戦間期に国際機構が十分な役割を果たさなかったとの反省から、国際通貨基金(IMF)やガットのような世界的な通貨・貿易にかんする機構がととのえられ、開発途上の国々にたいしても援助の手が多くさしのべられた。

歴史には、繰り返しあらわれる循環的要素と人びとの叡智によって積み上げられてきた成果を反映する構造的要素とがある。本書は両方の観点を意識することで歴史を再解釈していきたい。

庶民の目線から大恐慌をとらえる

私たちは一九二九年大恐慌の経験からまだ多くを学べると思う。たとえば今日、日本の失業率はじりじりと上昇しているが、世界的なグローバリゼーションの加速的な進行を考えると、今後失業率がかつてのように完全雇用ぎみに維持されるというシナリオは描きにくいのだ。むしろ失業率が恒常的に高くなる可能性も考えられる。とすれば、一〇〇〇万人にのぼる失業者が容易に消え去らなかった当時の経験はいろいろな意味で役に立つであろう。最近になっていくらか、世界大恐慌の経験を生かそうという見地もあらわれてきたものの、わが国では大恐慌についてのかつての優れた業績や書物は絶版になって久しいし、何よりも大恐慌の中心であるアメリカの史実が〈普通の人びと〉＝庶民の目線で必ずしも十分にはとらえられてこなかった。本書はこの点を意識して当時の様子を再現しようとこころみた。史実を正しく見ることをとおしてしか、「経験に学ぶ」道はない。

一九三〇年代のアメリカは、人びとの創意工夫に満ちた「改革の時代」でもあった。景気回復と制度や経済構造の改革努力が同時に遂行されようとした。むろん、成功も失敗もあった。だが、それらをこれまでのように「ニューディールの失敗」のひとことで片づけてしまうのはもったいない。資本主義の欠陥を当時の人びとはどう是正しようとしていたのか、それらが今日の資本主義にどう投影されているのか。こうしたことの解明には、近年のアメリカにおける経済史・社会史の蓄積に学ぶ必要があろう。

本書は五章からなる。第一章では、一九二九年一〇月二四日の恐慌発生にいたるアメリカの経済と社会の特色を前史として扱い、かつ前兆としてあらわれていたことを含めて、大恐慌の原因をどういう経済的・歴史的文脈で理解すべきかについてもおおまかなフレームワークを提供する。また、恐慌勃発《ぼっぱつ》当時のアメリカのフーヴァー政権の恐慌対策を一覧する。

第二章では、大量失業が人びとの生活にどのような影響をおよぼし、それを背景に農村と都市で自治体がどのような救済策をとり、アクティブな大衆運動が何をめざしていたかを見よう。

第三章では、六〇〇〇もの銀行が倒産した金融恐慌の経過をたどり、地域や消費者に与えたその影響を探り、さらにリフレーション論および預金保険制度の改革案がどういうふうに出てくるのかを見ていく。

第四章では、フーヴァーに代わって一九三三年三月に政権についたローズヴェルトのニューディール政策を中心に、産業、農業、そして失業救済事業などを中心にその特色を見るとともに、民衆の期待感が確実に変化する過程を追求しよう。

第五章では、まずケインズの大恐慌認識を探り、ケインズ的な景気政策がニューディール官僚や経済学者のあいだでどう浸透していき、最終的にローズヴェルト自身の態度変化に結びついたかを見る。同時に、日本の「昭和恐慌」と呼ばれる、金《きん》解禁から高橋財政への転換のプロセスを一瞥《いちべつ》しておくことにしたい。

エピローグでは、以上の歴史的経験をふまえると、今日の日本では、どのような長期的、中期的な展望をもった経済政策が望ましいかについて考えてみたい。

第一章　暗黒の木曜日

1　マーケットが崩落した日

貧困は消え去るだろう

「われわれはなお目標には到達していないが、神のご加護のもとに過去八年間の諸政策を継続する機会をあたえられれば、遠からずしてこの国から貧困が消え去る日が来るであろう」と第三一代アメリカ大統領ハーバート・フーヴァー（Herbert C. Hoover, 一八七四〜一九六四）は、一九二八年八月一一日の共和党大会大統領候補指名受諾演説で述べた。

中産階級のアメリカ人にとってアメリカン・ドリームの成就《じょうじゅ》はもうすぐだと思われた。巨大工業システムは商品を大量生産し、広告宣伝が消費者の購買意欲をさそい、ほとんど一夜にして、屋外便所はバスルームに、アイスボックスは電気冷蔵庫に、そして馬車は自動車に変わり、ラジオや映画は新しい娯楽を提供した。アメリカのビジネスは国民を永遠の繁栄にみちびく特急列車に乗せたかのようだった。

この年、株式市場は新たな高値を更新し、フーヴァーは好況を持続させたいという国民の願いを集め、一般投票の五八パーセントを得て、選挙に勝った。

パニックが国を襲う

以下は、ある歴史家が紹介する当時のエピソードである。

一九二九年九月、ミネソタ州セントポールで高級なミネソタ・クラブのベルボーイをしていた一六歳の黒人ゴードン・パークスはお金も貯まったので、仕事をパートタイムにして、高校へ通いはじめた。一〇月のある水曜日、パークスはクラブのロッカールームが変に静かなのに気がついた。こういう張り紙がしてあったからだ。「予期できない状況のために、何人かの従業員が来月一日に解雇されることとなろう。直接関係する者にはそのうちに通知される。経営者」。パークスは何が起きたのか不審に思いながら青い燕尾服《えんびふく》に着替えた。

木曜日になると、全世界が知ることとなる。「マーケット崩落、パニックが国を襲う」。ある新聞の見出しは躍っていた。パークスはこう記す。「新聞はそのことでもちきりだった。私は入手可能なものは全部読んだ、暗黒の木曜日とか、デフレーションとか、不況といった用語の本当の意味を考えながら。そんな金融崩壊が私の小さな世界に影響をおよぼすとは想像もできなかった。きっと金持ちだけに関係があるのだと考えた。だが、一一月の第一週になると、私もちがった考え方をするようになった。全国の数百万人の人びとと一緒に私も仕事がなくなったのだ」。パークスは求職活動がうまくいかず、高校をやめる（Milton Meltzer, *Brother, Can You Spare a Dime? The Great Depression, 1929-1933*〔NY, Facts On File, 1991〕, p.9.）。

本章では、ブームの絶頂から奈落《ならく》の恐慌へ、と激動した一九二〇年代のアメリカ経済が、歴史的に見てどのような特色があったのか、アメリカ経済のどういうところに問題があり、国際経済とどうかかわっていたのか、そして、大恐慌はどういうメカニズムで起きたのか、当時のフーヴァー政権はどう対応したのか、といった点を考えていきたい。まず、株価暴落の状況の説明からはじめよう。

個人電話を普及させた株取引

一九二〇年代のアメリカの経済現象を理解するうえでのひとつの鍵は、その「大衆資本主義」的な性格である。ひとにぎりの裕福なエリートだけが経済発展の恩恵にあずかっているのではなかった。

T型フォードは生産のピークだった一九二三年から二五年の三年間、年一九〇万台をこえて生産されていた。電灯、電気冷蔵庫、水洗トイレ、そしてラジオが急速に普及しつつあった。

そして大衆の一部は株式売買にも参加した。後の議会の調査によれば、一九二九年に株の取引に加わっていた人びと（二〇〇万人とも、三〇〇万人ともいわれる）のうち、ブローカーと取引のあったのは約一五〇万人である。

当時の「ニューヨーク・タイムズ」紙によれば、全国で二〇〇万人が株式投資にかかわっていた。個人電話の急速な普及はウォール街との連絡を抜きにしては考えられないという。当時のアメリカは約三〇〇〇万世帯だったから、全世帯の約五～七パーセントほどが株取引に巻きこまれていたことになる。

株式投資の普及をものがたる別のデータもある。一九二九年、U・S・スティール社の株主総数の三七パーセント、五万九六八八人は女性だった。ゼネラル・モーターーズでは三八パーセント、三万六九〇〇人の株主が女性、アメリカ電話電信会社（AT&T）の場合には、五五パーセント、二五万人の女性株主がいた。ただし、株式投資に一般国民が大挙して参加しはじめるのは、大暴落の二〜三年前からである。

一日五回の土地転売

一九二〇年代の株式ブームには前哨戦《ぜんしょうせん》があった。自動車の登場で東部からのアクセスを格段に向上させた避寒地フロリダ州の不動産ブームである。「フロリダへ行こう。そこはカリブ海の中心から日々さらさらとしたそよ風が湧きだし、母の子守歌のようにそこはかとない旋律で人をいざなう」といった宣伝文句のダイレクト・メールが全国をかけめぐり、フロリダ半島の人口は増加し、土地価格は高騰した。マイアミの人口は一九二〇年の五万人から一九二五年には一三万人へと増加した。

だが、地価の上昇が加速すると、実際に住むのでなく、投機のために人びとは土地を購入した。ときには一日に五回も転売され、そのたびに値段が上がるという具合だった。

一九二六年九月に襲った猛烈なハリケーンを契機にブームは収束に向かった。マイアミの銀行の手形交換高は絶頂期には一〇億ドルをこえたが、一九二八年には一億四〇〇〇万ドルに縮小した。このときには数千人の投資家が一掃されたが、アメリカ経済全体への影響はほとんどなかった（Michael E. Parrish, *Anxious Decades : America in Prosperity and Depression, 1920-1941*〔NY : W. W. Norton, 1992〕, p.226.）。

投資信託会社は「一日一社」設立

ガルブレイス（John K. Galbraith, 一九〇八～二〇〇六）は、株価の上昇スピードが加速しはじめた一九二八年初頭に「ブームの性質が変わった」（John K. Galbraith, *The Great Crash*, 1929〔1954〕; 小原敬士訳『大恐慌』〔徳間書店、一九七一年〕七〇ページ）としている。それまで株価は企業収益の増加や将来への期待、そして社会の平穏さ、政府にたいする信認などによって支えられていた。ところが、三月になると、株価はそれまでとちがった飛躍的な上昇をはじめた。

この年の大統領選挙で、フーヴァーは、どこの家庭でも台所には二羽の鶏、ガレージには二台の自動車が当たり前のことになろうと述べた。就任式で彼は繁栄の維持と貧困の低減を約束した。

株取引の大衆化と同時に進行したのは、信用買いである。つまり、投資家が将来の株の値上がり益で最終支払いをすることを見込んで一定割合（当初は一〇〜二五パーセント）の証拠金を現金払いすることで株券を購入する。値下がりの場合には株式の売却で損失の処理をした。

一九二九年の場合、約四割の投資家が証拠金取引にかかわっていたと推定される。ブームのかなめ、投資信託会社はアメリカではむしろ後発であり、一九二一年にはわずか四〇社にすぎなかったが、一九二六年までに一三九社、一九二七年には一四〇社、一九二八年には一八六社、そして一日一社といわれた一九二九年には二六五社設立された。投資信託会社は他の企業から支援を受けて設立されるのがふつうだったが、やがて自らの株式を発行するようになって、他の投資信託会社とのあいだに融資関係をもつようになったのである。

株取引の増加とならんで激増したのがコール市場におけるブローカーズローンの貸付残高である。一九二〇年代初頭に一〇億〜一五億ドルだったものが、一九二七年には三五億ドル、一九二八年末には六〇億ドルとなった。

しかも、後になればなるほど株価が下がっても、並行して減っていいはずのブローカーズローンが減らなかった。これは、株の持ち手が大手の投資家からますます弱小の投機家の手に移っていることの反映だと見られた。

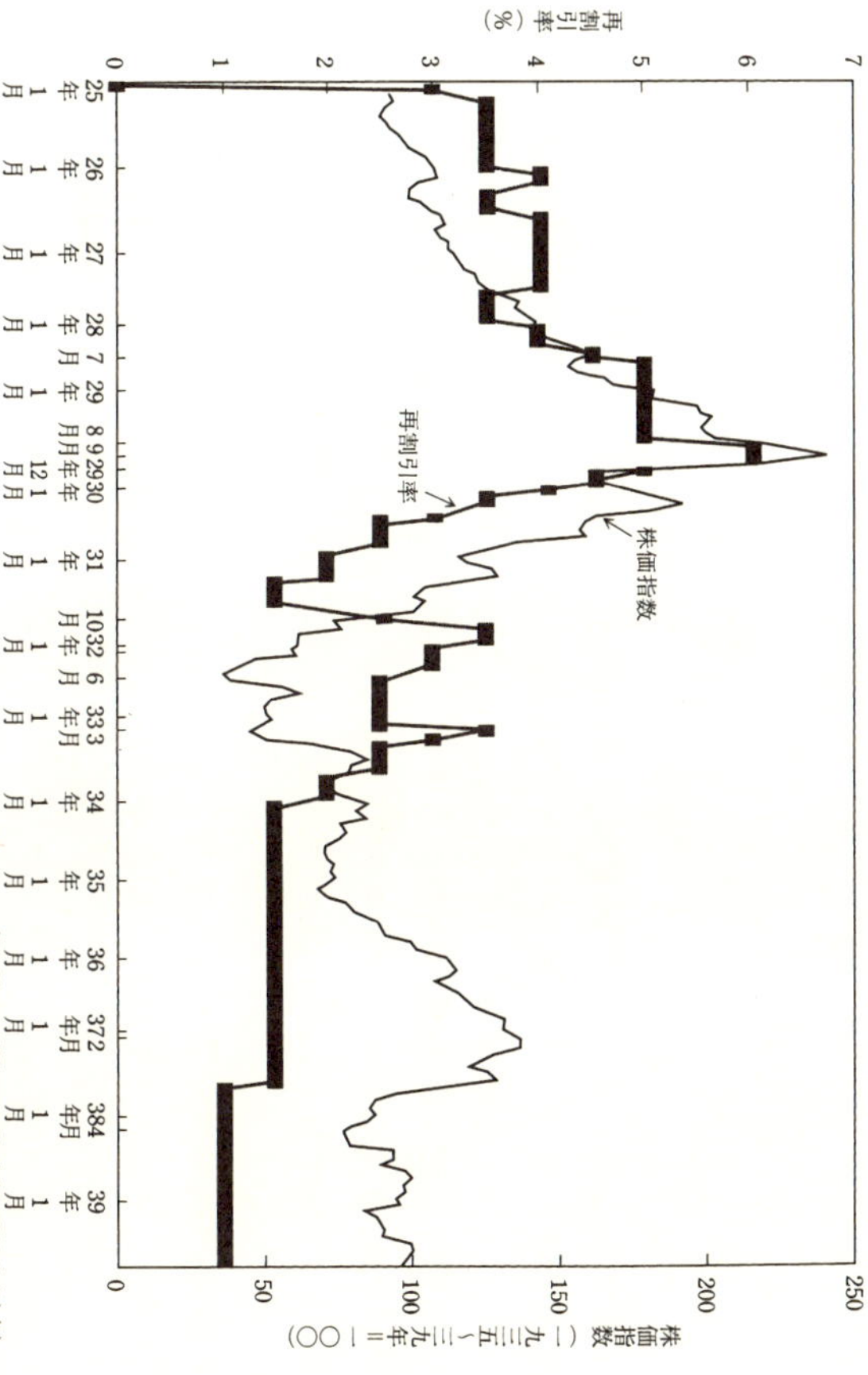

(*Banking and Monetary Statistics, 1914-1941*より)

図1　月別株価指数と連邦準備銀行再割引率，1925～39年

一九二八年に入ると、連邦準備理事会（ＦＲＢ）が株式市場の過熱を防ぐために何度かにわたって公定歩合（連銀再割引率）を引き上げ、結局、公定歩合は五パーセントになった（図1）。

こうなると、ヨーロッパに向かっていたアメリカの民間資金やヨーロッパの資金自体もアメリカ株式市場に流れこむことになり、国内外から資金供給を受けて投機はさらにふくらむのである。

一九二八年を通じて株価指数は三五パーセントも値上がりし、ニューヨーク証券取引所では前年の六割増の九億二〇五五万株が取り引きされた。一九二九年に入って、連邦準備銀行の資金が投機目的に用いられることに危機感を覚えた当局が声明を出したり、それによる株価の一時的暴落を食い止めるためにナショナル・シティ銀行がコール市場への資金注入を行った。株価は神経質な上下を展開した（ダウ工業株価指数は三〇〇～三二〇）が、六月になるとふたたび上昇軌道に乗った。六月末には三三三、七月末には三四七、八月末には三八〇と上昇し、九月三日に三八一を記録し、これが一九二〇年代の最高の数字となった。

注文が殺到、電話はパンク

しかし、九月末には指数は三四三まで下がった。一〇月に入るとわずか二日間で指数は三二五まで下落し、その後一時持ち直したものの、第三週には三二〇となった。一〇月二三日午後からあらゆる銘柄で売り注文が続出し、二六〇万株が暴落価格で売買された。取引高は六四〇万株、ダウ指数は二〇ポイント下がって三〇五となった（株価の動きは図1参照。なお、指数の取り方が本文と異なる点に注意）。

翌一〇月二四日（暗黒の木曜日）には、前日のニュースを聞いた多くの投資家たちが夜のうちに売り注文を出していたために、ブローカーや証券会社社員が取引所に集まって異様な雰囲気のうちに取引が開始された。

取引開始の午前一〇時から売買注文が多くの銘柄に殺到し、情報を得ようとする人びとと注文を出す人びとによって国内外の電話がパンク状態になった。取引所のなかでは、通常なら刻々と現在価格を表示するティッカー表示が大幅に遅れ、そのため混乱が広がり、取引実態はだれにもわからなくなっていた。一一時五〇分、ティッカーの表示は五五分も遅れ、どの株もほとんど買い手がつかないまま、値下がりをつづけた。

このころモルガン商会の事務所では、組織的な株買い支えを行うための財界人の会合が開かれていた。この「バンカーズ・プール」による五〇〇〇万ドルに達する買い支えは効果を上げ、多くの銘柄の株価が持ち直した。

この日の売買高は記録的な一二八九万株、ティッカーがそれを記録し終わったのは午後七時八分のことであった。

流通通貨量の二倍もの損害額

その後数日間のひきつづく下げの後に、最悪の日は翌週の火曜日（一〇月二九日）にやってきた。この日は立ち会い開始からU・S・スティールをはじめ売りが殺到し、三〇分間に三二六万株が売られ、損失は二〇億ドルに達した。午後五時三二分にティッカーは総取引高一六三八万株を記録し終わった。

損害額はニューヨーク取引所だけで約一〇〇億ドル、つまり当時のアメリカの流通通貨量の二倍にあたる。ダウ指数は二三〇となり、九月のピーク時の六〇パーセントであった。

しかもこれは恐慌の終わりではなく、長い縮小過程のはじまりにすぎなかった。一九三二年七月には指数は四一に達し、その後若干の持ち直しの後、一九三三年二月にはふたたび五〇の底値をつけるまでニューヨーク株価は下がりつづけたのである。

暗黒の木曜日から一九三三年までに全国で六〇〇〇の銀行が倒産し、企業の倒産や事業の縮小のあおりで失業者は推定で一三〇〇万人、当時の全労働者数の約二五パーセントに達した。

2　マイホーム、映画、T型フォード

「良き生活」は「グッズ・ライフ」

一九二九年大恐慌の時代のアメリカがどういう歴史的な位置にあるかを見ておくことで、この現象についての理解を深めることができよう。ここでのキーワードは、消費者、アメリカニズム、そして金本位制である。

歴史家フレデリック・ジャクソン・ターナー（Frederick Jackson Turner, 一八六一〜一九三二）が「フロンティアの終わり」に着目した一八九〇年ごろ、アメリカ社会は急速に「消費社会」への傾斜を強めつつあった。そもそも実験室的な資本主義社会では生産と消費とがバランスしてはじめて順調な経済成長が可能になるのだから、生産者的、あるいは消費者的といっても「消費のない生産」や「生産のない消費」のようなメカニズムを考えるわけではない。

ただ、消費者的な立場が社会的な承認を獲得していき、いわば消費、すなわち一般

庶民の生活需要が牽引役となって経済が成長する場合と、たとえば開発独裁のように、外貨獲得が至上命令になるために、特定商品の生産が奨励され、その結果、経済が成長すればするほど取り残された民衆の生活レベルが相対的に低下する場合とでは、経済発展の様相はかなりちがってくる。そこで、消費者主導か、生産重視かといったタイプ分けをすることで、ある国や地域の経済成長の特性を見きわめることが意味をもってくる。

消費社会への移行は、アメリカにおける都市化の進行とそれにともなう中産階級の初期的形成によって可能となった。アメリカでは一九二〇年にはじめて都市人口が農村人口を上回るのだが、一九世紀後半を通じて都市化は着実に進行していた。

もともと土地や小資産をもっていて中産階級的だった自営農民や商店経営者（彼らを旧中産階級と呼ぶ）のうえに、管理職、専門職、商業関連の被雇用者やオフィスワーカー（新中産階級という）が増加した。南北戦争前の一八六〇年では新中産階級の人びとは七五万人にすぎなかったが、一八九〇年には二一六万人、そして一九一〇年には四四二万人を数えていた。

鉄道標準時が決められたのは一八八三年だが、一九一八年には標準時法によって全国的な強制力をもつこととなり、同時に夏時間が実施された。生活のあらゆる面が標準化されていく流れを象徴するできごとであった。

女性の職場進出が進んだのもこの時期である。一九〇〇年には事務労働者の三分の一以上が女性で占められ、一九二〇年には半数以上となった。タイプライターが普及しはじめ、一八七〇年には速記者やタイピストのわずか四・五パーセントだった女性が、一九三〇年には九一・八パーセントに増加した。初期のタイプライターは半円形で、黒のキーに白いアルファベットがきざんであるもので、キャリッジは丈夫な金属製だった。

政府機能の拡大を反映して連邦政府の被雇用者数も、一八八一年には総人口五〇二人あたり一人だったが、一九一一年には二三七人あたり一人へとふえた。女性の連邦政府被雇用者は一九〇〇年には全体の三分の一となった。一九一五年には男性よりも女性のほうが買物に多くの時間を費やすようになった。全米消費者支出の九〇パーセントは女性によるものである。「良き生活」は「グッズ・ライフ」（物のある生活）のことだともいわれた。

住宅所有こそ平和の土台

バンガローと呼ばれた簡素な一階建てのプレハブ住宅が、シアーズ・ローバックの通信販売カタログにのったのも世紀転換期のころである。それは家造りの一種のファッションとなり、中産階級と労働者階級の両方のマイホーム希望者に人気があり、マニュアルを読んで自分で組み立てる場合と業者に組み立てを依頼する場合とあったが、とくに新婚カップルに受けたという。

シアーズのカタログでは値段は四七五ドルからはじまり、オプションによっては一五〇〇ドルにもなった。注文住宅も南北戦争後に普及したバルーンフレーム構造がコストを抑え、部品の大量生産を可能にしたために、都市の住宅ブームに貢献した。都市では賃貸アパートも多かったが、一家族用のマイホームはアメリカの夢でありつづけた。一九二〇年には都市では家族のおよそ四割がマイホームに居住していた。

一九一九年、内務長官フランク・レーン（Franklin K. Lane）はウィルソン大統領（Woodrow Wilson, 一八五六〜一九二四）に郊外の住宅建設を政府の優先施策にすべきだと進言した。それは、「土地のうえに大衆の真の基盤を与え、アパートを庭付き住宅に替える」ことの必要からだった。レーンの提案を真剣に受け止めたのは、住宅改革者ウィリアム・スマイズ（William Smythe）である。彼はソ連の社会主義の挑戦からアメリカの大衆を守るために、住宅所有をアメリカの平和の土台にすべきだと主張した。彼らの提案を連邦政府が採用したわけではないが、住宅所有は民主主義と不可分の関係にあると当時認識されていたのである。

フーヴァーは商務長官時代、労働省による「マイホームを持とう」キャンペーンを支持した。一九二八年選挙でフーヴァーを勝利にみちびいたのは、民間不動産業者と郊外居住の中産階級だったともいわれている。

夏期休暇の一般化

一八八〇年当時のアメリカの住宅の六五パーセントは燃料として薪《まき》を使っていた（残りは石炭）が、一九〇八年には石炭と薪の比率は逆転し、一九四〇年には石油や天然ガスもそれぞれ一一パーセントを占めるようになった。他方、一九〇〇年には住宅の灯火は八八パーセントが灯油ないし石炭オイルだったが、一九四〇年にはその比率は一パーセント未満に下がり、ガスが二一パーセント、電気が七九パーセントを占めるようになった。

通信の分野では、郵便料金が次々と値下げされ、さらに配達にさいして手数料を取らない方式（個別無料配達）が一般化すると、はがきや絵はがき、そしてカードによるあいさつがふつうのこととなった。電話も急速に普及し、一九〇〇年には一三〇万台、一九二〇年には一三三〇万台の電話が使われていた。また、電話交換手はもっぱら女性に雇用機会を提供した。

新しいアメリカの娯楽文化を創造したのは映画館である。当初映画館はニッケルオデオンと呼ばれ、五セントで入れる小さなものだった。映画自体もせいぜい一五〜二〇分ほどの短編だったが、爆発的人気を博し、一九〇七年には全米で五〇〇〇館、一九一〇年には二万館が一日に二五万人の観客を動員していた。

当初は労働者階級の住む近辺に立地したが、しだいに中産階級の人びとの関心も集め、フィルムの審査機関も設置された。

二〇世紀初頭までに、夏期休暇をとることが中産階級のアメリカ人にとって普通のこととなった。期間はあまり長くはないが、事務職の場合には有給休暇もあった。日帰りでリゾートを訪れたり、このころ整備されはじめた国立公園には一九一七年に五万五〇〇〇人が車でやってきた。

また、一八七〇年代にはローラースケートが、そして一八九〇年代には自転車がブームとなった。一八八八年には五万人の男女が自転車に乗り、二年後にその数字は倍増した。このときアメリカの三一二の企業が一〇〇〇万台の自転車を生産していた。一九一〇年代になると、冒険旅行としての自動車によるドライブが中産階級の人びとのあいだで楽しまれるようになった。

郊外に居を構える

アメリカの都市を年に数トンの排泄物で汚染しながら時速一〇マイル以下しか出せない馬車鉄道にかわって、トロリーと呼ばれた電動の市街電車が登場して普及した。市街電車は都市の中心であるダウンタウンにまで乗り入れることができたし、馬車よりはクリーンでひんぱんに停止したり加速することができた。

一八九〇年には、鉄道馬車の軌道マイル数が五七〇〇マイル、ケーブルカーが五〇〇マイル、市街電車が一二六〇マイルだったが、一九〇〇年になると、全国の三万マイルの軌道の九八パーセントが電化されていた。逆に、馬車鉄道は急激に衰退した。

やがて、ダウンタウンはオフィスや商業用地で占められ、その近くには工場、さらに隣接して貧困者や近着の移民用の安アパートや長屋がひしめいていた。この徒歩通勤区域をこえた新しい郊外が、電車のルートに沿って市外に広がり、電車の駅から歩ける距離に新中産階級の人びとが住居を構えていた。

ただ、低運賃の市街電車は、都市によっては黒人をふくむブルーカラーであふれていることが多かったので、とくに通勤ラッシュのときなど、中産階級の人びとは娘や妻が他の労働者と肌を触れあわんばかりになることに不快感を覚えた。地方自治体が運営することによる財政の不透明感とともに、自家用車が普及しだすと、市街電車は急速に人気がなくなっていった。

T型フォードの登場

自動車をもっぱら高級なレジャー用具と考えていたヨーロッパとは異なり、アメリカの企業は早くから実用的、大衆的な自動車を生産しており、一九〇八年には、二四の企業が安価な自動車を生産していたが、この年ヘンリー・フォード（Henry Ford, 一八六三〜一九四七）がT型車の生産を開始し、自動車の歴史を塗りかえることになった。

ティンリジーと呼ばれた箱型の自動車は、一家族が乗れて、個人が運転してケアできるくらいの大きさで、運転も修理も簡単で、厳しい条件のもとでも、信頼できるものでなくてはならなかった。フォードはT型車生産開始から六年後の一九一四年には、労働者の最低日賃金を当時の二・三ドルから五ドルに倍増するという冒険を開始して、世間を驚かせた。

「日賃金五ドル制」は、つぎのような事情で試みられた。当時ヨーロッパからの移民の流入が加速していたが、デトロイトの工場に東南ヨーロッパ系の労働者が大量に流入しはじめたのは、一九一〇年ごろのことである。その当時、フォードの工場では生産工程を革新したが、労働者の不適応により、転職、欠勤、サボタージュ、反抗などが広まった。生産性は思うように上がらない。

他方で、一九一三年には急進的な労働団体の「世界産業労働者同盟」（ＩＷＷ）がハイランド・パーク工場で組織化を進めようとしていた。

五ドル制は労働者の定着性を高めると同時に彼らを急進主義から守ることも意図していたが、制度の適用を受けた幸運な労働者の場合、当初二・五ドルを賃金、残りの二・五ドルを企業利潤の配当という形で受け取った。会社は同時に従業員の生活調査を実施して、勤勉でない者、飲酒癖のあるもの、清潔な住宅に住んでいない者、貯金をしていない者、など健全なアメリカ的生活をしていないとみなされる労働者については、利潤分配部分の支給を先送りした。その後、観察を継続して、態度が改善したとみなされた時点から利潤部分の支給を少しずつ開始した。同時に英語学校がつくられた。

住宅は年収の三倍

フォードが動く組み立てラインを導入したのは、一九一三年、ハイランド・パーク工場においてだが、組合運動を嫌っていたフォードは、スパイや私警団を雇い、労働者を厳しい監視下においた。この新方式によって労働者の転職率、欠勤率は減少し、ラインのスピードは速くなり、生産性も向上し、高賃金にひかれて多くの労働者が職を求めて応募してきた。

賃金が上がって製品価格が急速に下がったために、フォード工場の従業員がT型車を購入することもできるようになった。T型車を購入するには一九〇九年には平均的労働者の賃金の二二ヵ月分を必要としたが、一九二五年にはわずか三ヵ月分で足りるようになったのである。そして、リバー・ルージュ工場の建設にさいしては、これまでのような徒歩通勤でなく、車による通勤を考慮して大きな駐車スペースが最初からもうけられた。

一方で、一九二〇年代は賃金の上昇と建築コストの低下などの恩恵を受けて、マイホーム建設が順調に進んだ。この間に三二三万世帯が新たに住宅所有者となった。

彼らの多くは貯蓄貸付組合から五年程度のローンを組んで資金を調達した。当時の家族収入の平均は年二〇〇〇ドル、郊外の注文住宅の平均価格は五〇〇〇〜六〇〇〇ドルだったから、今日ふうにいえば、年収の三倍程度の価格で住宅を手に入れることができた。この時期は郊外から自動車で通勤するのが一般的となる時期でもあったのである。自動車通勤が一般化することにより形成された郊外は、軌道に沿って放射状に広がった市街電車の郊外の空間を埋めるように展開した。それにより雇用地区は分散し、人口密度の低い新しい居住環境、新しい型の住居が可能となった。

新たな消費者の倫理

多くの商品の全国市場が成立する一八八〇年代以降は、大量生産、大量販売、そして大量消費が社会の潮流となった。フィルムのコダック、飲料のコカコーラ、スープのキャンベル、あるいはタオルのキャノンといったロゴをともなった商標（ブランド）が商品と一体となって宣伝され、消費者は商店主の信用に依拠してでなく、全国的なブランド名を頼りに多くの商品を購入するようになった。

これまでのような個人商店にかわって、デパートやチェーンストアを通じて、消費者が物と直接向かい合う全国市場が登場した。商品は、包装やパッケージにより標準化され、家庭の日常仕事で作られる物はだんだん少なくなった。

商品の宣伝広告が盛んとなり、アメリカの民衆は新たな「消費者の倫理」をもつようになる。売り手の側は、ある商品・サービスの利用が生活上の快適さと便利さを飛躍的に高揚させることを消費者に納得させ、消費の楽しみを認識させる必要があった。従来のピューリタン的な勤労の倫理が消滅したわけではなく、勤勉な労働はあこがれの消費を実現するための手段に変わった。

借金の罪悪感が消えた

一九二〇年代には、アメリカの消費者は次々に登場する新たな耐久消費財の恩恵に浴した。自動車・自動車部品、自転車、家具、ラジオ、蓄音機などである。電気洗濯機、電気冷蔵庫、そして真空掃除機もこの時期に普及しはじめた。

一九二〇年代には新車の七〇パーセント、中古車の六五パーセントが分割払いによって購入された。家具の七〇パーセント、ラジオの七五パーセント、ピアノの九〇パーセントなども信用販売だった。こうした信用販売を請け負ったのは、自動車のディーラーでもなければ、製造会社でもなく、専門の販売金融会社だった。自動車会社と連携していたのが四つの大手金融会社であり、全国支店網をもち、ほぼ九割の資金を供給した。金融会社は一九二〇年には総数わずか一〇〇社だったが、一九二八年には一〇〇〇社をこえた。

一九二四年、この業種の全国団体によって自動車信用販売の標準が決められた。典型的には頭金（下取り価格をふくめて）が新車は三分の一、中古車は四〇パーセント

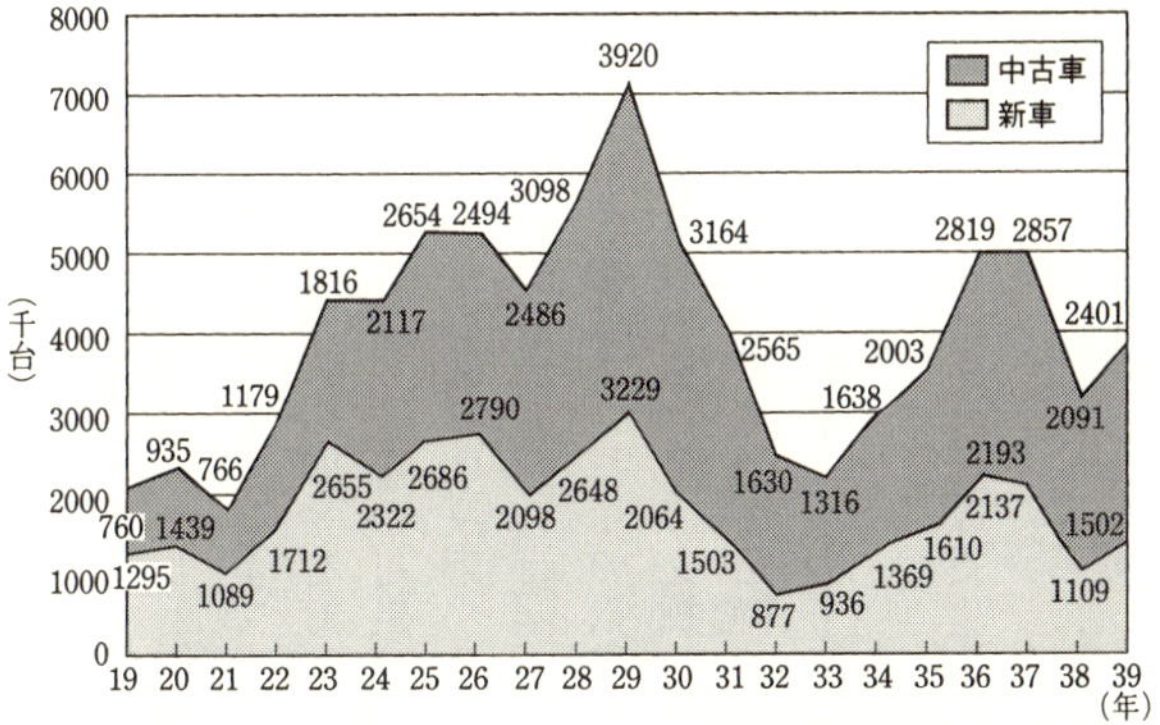

資料：Martha L.Olney, *Buy Now, Pay Later.*

図2　1919～1939年の自家用車販売台数

で、返済の期間は一二ヵ月だったが、一九三〇年代には一八ヵ月が標準となった。

信用販売は、「自分の資金の範囲内での生活」を当然と考えていた一九世紀的アメリカ人にとってはまったく新しいやり方であり、消費者の側の意識変革を必要とした。節約、倹約、貯蓄、勤勉といったことの中身が変わっていく。

一九二〇年代になると、借金にともなう罪悪感は消え、自分の現金残高の範囲内に買物を限定することは旧式だと考えられるようになったのである。

こうして図2でわかるように、自家用車の新車販売は小さなピークが一九二三年と一九二六年とにあり、最大のピークは一九二九年だった。フォードがA型にラインを切り替えるために生産を休止した一九二七年が中古車販売が新車の販売台数を上回った年で、それ以降、不況になればなるほど、中古車のシェアが高まった。

信用販売の拡大は、もしも信用販売がなければ耐久消費財市場に参入してこない中所得層を購買力にカウントできるメリットがあった。一九二〇年代の高い貯蓄率も、幾分かは割賦《かっぷ》購入の頭金を貯えるためだったかもしれない。

彼らの家計は、彼らの可処分所得の増減や購入対象商品の価格の変動にたいして高額所得層よりも敏感に反応するようになった。

他方で、製造業者が割賦販売による需要増加を過大に見積もって投資を拡大すると、景気悪化にさいしての損失も大きくなろう。大恐慌がはじまると、多くの家計は耐久消費財の未払い金の支払いを最優先し、予定していた買物やおよそあらゆる消費を切りつめて、景気回復を待ったのである。ともあれ、このようにして「アメリカ的生活様式」は自動車に乗ってやってきたのである。

3　大恐慌はなぜ起きたか

世界経済の大きな構造変動

いきたい。

この節では、アメリカ経済がヨーロッパを中心とする当時の世界経済にどういう影響をおよぼし、また、世界経済がどういう問題を抱えていたのかをひとつずつ考えていきたい。

第一次大戦と第二次大戦にはさまれた約二〇年のあいだを両大戦間期と呼ぶが、この時期に世界経済は大きな構造変動を経験した。かつて七つの海を軍事的に制覇し、外交的、経済的にも世界経済の中心（覇権国、ヘゲモンという）の位置にあったイギリスは戦後経済の疲弊がはなはだしかった。このイギリスにかわって債権国となったアメリカがのし上がってきた。

ところが、アメリカはイギリスとちがって、世界経済安定のために進んで調停役を買ってでる用意がなかった。アメリカにはもともと一九世紀末の「フロンティアの終わり」までは世界経済へのかかわりを極力小さくしながら、経済成長してきた歴史があるし、先進諸国のなかでは貿易依存度がきわめて低いという事情もあった。こうして、世界の政治経済にたいするアメリカ独特のスタンスが生まれた。このことが両大戦間期の歴史に大きな影を落としていることに、気づく必要がある。

債務国に転落したイギリス

第一次大戦後、ヨーロッパにはT型車の風は吹かなかった。第一次大戦は「総力戦」と形容されるとおり、国民の一人ひとりにまで戦争の影響がおよんだ。

もともと人口増加率が低かったフランスは戦死者数が多かったために、人口構成のピラミッドが変型し、元に戻るのに年月がかかった。人口の面から国力が弱まったともいえる。また、「戦勝国」の側に立ったため、国民は応分の補償を要求した。大衆の圧力を受けやすく、政治はやりにくくなった。

イギリスも相当の犠牲をはらっての「勝利」であった。フランスほどの人的損害はなかったが、これまでイギリスの覇権を支えてきた繊維、石炭、鉄鋼、造船などの産業でコストが硬直的となり、斜陽化の色彩が強まった。イギリスはまた、第一次大戦中に大量にアメリカに引き受けてもらった国債の元金と利子負担が重くのしかかり(これはフランスもおなじだが)、一挙に債務国に転落した。

戦争に負けたドイツは、もっとひどかった。多額の賠償金を課せられたために、賠償金を返しながら、どうやってかつての「敵国」と協調的な関係を築くかに腐心しなければならなかった。敗戦国ドイツがかかえた「精神的ダメージ」も大きかった。右翼はたえずそれを題材として、ワイマル共和国政府与党勢力や左翼・共産党を批判した。

ヨーロッパ諸国はアメリカとちがって伝統的に労働者階級の力が強く、それゆえ福祉や保険制度も発達していた。労働者を一人雇用するごとにかかる企業への負担はかなり高かったといえるかもしれない。賃金もそれほど低くはなかった。つまり、経済的に見て、余力のあったアメリカで労働者の取り分が経済成長ほどは伸びず、余力のあまりなかったヨーロッパ諸国で労働者のパイが大きかったのである。こうして、一九二〇年代の一〇年間、ヨーロッパ諸国は好況時でもかなり高い失業率に悩まされることになった。

ヨーロッパにアメリカ的生活様式の片鱗《へんりん》、「アメリカニズム」が持ちこまれることになったことが、近年研究者の関心を集めているのだが、それはまさしく表面だけを採り入れる結果に終わった。

アメリカニズムの伝播

ヨーロッパ諸国のアメリカナイゼーションは、第一次大戦前にはじまっていた。一九〇一年、イギリスのジャーナリスト、ウィリアム・ステッド（William Stead）が『世界のアメリカ化』と題する書物を刊行し、イギリス人の生活のすみずみまでアメリカ製品が浸透していると記し、二〇世紀がアメリカの世紀であることを印象づけた。

一九世紀末からアメリカの工業製品はヨーロッパ市場へ向けて滔々《とうとう》と流れこんでいた。二〇世紀初頭には、アメリカ製の電話機、タイプライター、ミシン、金銭出納《すいとう》機、エレベーター、カメラ、蓄音機、歯磨き粉、そして包装食品がヨーロッパの市場で人気のある商品となっていた。ミシン・メーカーのシンガーは一九世紀末に、当時としてはめずらしい直販によって製品の半分以上を海外で販売していた。アメリカから来た一時滞在者や観光客もヨーロッパの主要都市ではめずらしくなくなっていた。

文化面では何よりもハリウッド映画の侵蝕《しんしょく》が、アメリカ的生活をリアリティをもってヨーロッパ人に伝えたが、ヨーロッパの多くの国の政府はアメリカ映画の輸入や上映を制限した。

経済と経営の面ではフレデリック・テイラー（Frederick W. Taylor, 一八五六〜一九一五）の科学的経営とヘンリー・フォードの独特の労働者抱え込みの仕方が、いち早くヨーロッパに伝わった。科学的経営を標榜《ひょうぼう》するテイラー主義が生み出したアメリカの経営組織や労働編成の革新にたいしては、すでに戦前から驚きと羨望の感情がヨーロッパの労使双方を支配していた。

ヘンリー・フォードがはじめた高賃金、高生産性（流れ作業ライン）、そして大量生産・販売のパッケージは、ヨーロッパ諸国に消費者資本主義国アメリカのイメージを植えつけた。一九二〇年代はアメリカ的効率を生み出している技術、労働規律、経営組織、そして消費、生活様式が、いろいろなレベルでヨーロッパに流れこんだ。

ところが、技術的効率と生産性の上昇が、じつはアメリカの文化や生活様式と不可分であることがヨーロッパではとかく忘れられがちだった。たとえば、フォーディズムの場合、ヨーロッパの経営者の側は職場の生産性を上げるために、もっぱら労働者をどう訓練し、合理化を進めるかという観点からその意義を唱え、組織労働の側は高賃金が国内の購買力を高めて消費の増加につながるとの観点をそこから学び、労働時間の短縮や余暇の拡大を主張した。経営者は購買力としての賃金の役割について、そして労働者の側は労働強化をふくむ職場の現実を、必ずしも理解できなかったのである。

苦い薬を飲む覚悟

名実ともに世界経済の中心となる国がなかった両大戦間期には、大国が協力して国際経済の諸問題を解決していくしかなかった。その場合、第一次大戦が不可逆的に変化させてしまったさまざまな条件が、協力関係の構築にマイナスの影響をあたえた。

そのひとつは、再建された金本位制の性格にかかわることである。第一次大戦にさいしては、ほとんどの国が戦費調達の必要から金本位制を一時的に停止した。通貨の発行がその国の保有する金量によって決められるという体制では、国債を発行したり、国家予算の相当部分を優先的に軍備にあてることが困難だからである。

戦争が終わると、各国の政策担当者や中央銀行の指導者たちは、「理想的な金本位制」に早く復帰したいとの願望から行動した。その場合、金本位制の最大のメリットは、各国の通貨が金とリンクすることによっておたがいに固定的な為替レートをもちあうために、通貨と貿易の安定が得られることにあった。逆にこのシステムに参加する諸国は、とくに金が不足したときに国内経済調整が必要になるというように、苦い薬を飲む覚悟もしなくてはならなかった。

そこでまず、そもそも金本位制とはどういうシステムであり、さらに両大戦間期にはどういう特徴をもった金本位制があったのかについて、考えてみよう。

調整のためのデフレとインフレ

よく「金本位制の自動調節作用」という言い方がされる。国際経済との関連からある一国の貿易収支が赤字になると、その国は決済のために国庫に準備してある金を用いる。金本位制では国内の通貨量も金の総量に連動して増減するので、金の流出は国内の通貨量を減らすことになる。当然、国内物価は下がる。これは調整のためのデフレともいいかえることができる。

国内物価が下がると、輸出物価も下がるから、輸出品が国際競争力を強めることになり、輸出がふえる。他方で、輸入物価は相対的に上昇するので輸入はおさえられる。やがて、この国が貿易収支上の黒字を獲得するまでこのプロセスはつづくであろう。

貿易収支が黒字になると、決済にさいして他の国から金が流入する。金の流入によって、国庫の金準備は増加し、それに応じて国内通貨量がふえることになる。国内物価が上昇する。これは調整のためのインフレでもある。

国内物価が上昇すると、輸出品の価格も上昇するから、輸出品の国際競争力は弱まり、輸出が減る。他方で輸入物価は相対的に低くなるので、輸入が促進される。このプロセスは、この国が貿易収支上の赤字を計上するまでつづくであろう。

「自動調節」とはいっても、大事な局面ではとくに経済的に強い先進工業国が後発国、農業国を資金的に支援しなければ、このメカニズムはうまく働かなかった。一九世紀にはイギリスがその役割をはたしていた。他方で、国際的に自由貿易がベストであることを百も承知で、後発国は保護主義的貿易政策を採用して、競争力のある先進国の製品がどんどん輸入されて、すぐに貿易収支が赤字になってしまうのを防ごうとした。

貿易収支が赤字になった場合、国庫から金が流出する度合いに応じて国は調整のためのデフレ政策を余儀なくされる。多くの場合、財政の収支均衡が必要だし、また企業がリストラに走るので倒産、失業者の増加や政治的不安定が生じるなど政治的・経済的コストが高い。国庫の金準備が決定的に不足してしまった場合、その国のとりうる政策は二つ、金本位制の停止ないし平価の切り下げ、あるいは先進国からの資金借入である。

米仏に集中する金

第一次大戦後の一九一九年にいち早く金本位制に復帰したのは、主要国のなかではアメリカだけだった。ドイツは一九二四年、イギリスは一九二五年、フランスは一九二六年である。しかも、原則として国内の一般人が中央銀行にたいして銀行券の対価として金貨を請求できる、本来の金本位制をとったのはアメリカだけである。

イギリスは国内では金貨は流通せず、国庫に金の地金《じがね》を準備したので、金地金本位制と呼ばれた。フランスやドイツ、そして他の多くの諸国は金地金以外に大国の外国為替《かわせ》を準備に加えることのできる金為替本位制をとった。金準備の代役をはたした外国為替とは圧倒的にドルやポンドだった。復帰の時点でイギリスの場合にはポンドは実勢に比して一〇パーセントの過大評価だといわれ、これは旧設備を抱えて採算の良くないイギリスの輸出産業を競争力のうえでいっそう不利にした。

第一次大戦前には、中心国のイギリスが世界各国からの輸入貿易をふやし、したがって貿易収支赤字を甘受して、自由貿易を支えた。イギリスが寛大に他の諸国に資金援助を惜しまなかったことが、世界金本位制の安定を支えていた。

ところが第一次大戦後になると、イギリスは自らも相当の債務を背負ったために、最後の貸し手の役回りを演じることが以前より困難となった。戦前の長期資金にかえて、戦後は不安定な短期資金に頼ることが多くなった。また、戦後、世界の金保有の半分に近い量がアメリカとフランスに集中し、一九二〇年代後半になるにつれて、集中の程度は強まった。逆にいえば、他の多くの諸国は金の不足に悩まされることになった。

慧眼のエコノミスト

そもそもアメリカは戦前のイギリスと異なり、農産物も工業製品も輸出が輸入を上回るという状況だったし、国民経済的にも貿易依存度はさほど大きくはなかった。一九二九年にGNPに占める輸出の割合は五パーセント、輸入の割合は三・四パーセントだった。世界はアメリカに大きく依存していたのに、アメリカは「気が進まなければ」わが道を行くこともできたのである。

他方でしかし、復興を必要としているヨーロッパやとくに賠償金の支払いを余儀なくされているドイツは、アメリカの民間資本にとって有望な市場だった。ヨーロッパでは、戦後まもなく悪性インフレーションに悩まされた経験から金利が高く設定されていたことも、アメリカの資本がヨーロッパに大量に投じられる結果をみちびいた。

こうしてアメリカ資本は、公共・民間両者の投資を活発にして、ヨーロッパの復興をたすけた。また、ニューヨーク連邦準備銀行総裁にベンジャミン・ストロング(Benjamin Strong, 一八七二〜一九二八)という慧眼《けいがん》のエコノミストを擁《よう》しており、彼が死去する一九二八年までは各国間の協力がはかられた。

一九二五年のイギリスの金本位制復帰にさいしては、イギリスへの融資、利子率引き下げ、流通通貨量の増加、などでアメリカはイギリスを支援したし、一九二七年にイギリスがポンド切り下げの危機におちいったときにも、ストロングによる利子率引き下げと、八〇〇〇億ドルに上る公開市場操作によって、イングランド銀行の強化をはかり、成功した。

三度にわたる公定歩合引き上げの影響

一九二八年になると連銀関係者の関心はもっぱら国内株式相場の急上昇に向けられた。株式相場の急上昇は、生産的目的に投じられるべき資金をいたずらに投機に向けている、と考えられたのである。連銀再割引率（公定歩合）は、一九二八年二月には三・五パーセントから四パーセントへ、五月には四・五パーセント、そして七月には五パーセントへと三度にわたって引き上げられた（図1、二七ページ参照）。

この引き締め政策は株式投資への国内資金移動を止めることができなかったばかりか、逆にヨーロッパとの金利差が縮小したために、一九二八年の後半にはそれまでの大量の海外投資はほとんど停止し、翌年にはバランスはマイナスとなった。ヨーロッパからアメリカに向かって資金が滔々と流れこむようになったのである。

また、国内の貸出金利の上昇は、すでに息切れしかかっていた民間の住宅建設やその他の建築発注額を減少させ、多くの州や自治体の公共事業を延期させた。

アメリカとならんでいまひとつの金の黒字国フランスは以前にも増して、金の蓄積をふやした。こうして、アメリカとフランスの引き締め的政策は、他の諸国の国際収支にたいする圧力を増大させた。外国為替や金準備が不足してくると、各国は輸入を減らすので、結局これらの国にたいするアメリカの輸出も減ることになる。

一般的にいって、黒字国であるアメリカやフランスが金量の増加に応じて金利を下げたり、買いオペレーションによって通貨供給量をふやせば、物価が上昇して、国内購買力が高まり、輸入が増大して、貿易収支バランスが多少とも是正され、金が流出していたかもしれない。

しかしながら、ヨーロッパ諸国ではもともとインフレーションを恐れる心理的傾向が強く、一九二三年に起きたドイツのすさまじいインフレーション（収束時の旧一兆マルク＝新一マルク）の記憶が生々しかったから、黒字国といえども物価引き上げにつながるような政策はとりにくかった。また、アメリカの連邦準備法はインフレを警戒する点ではきびしかったが、デフレを起こさないための歯止め的な政策については、ほとんど無策であった。

というのも連邦準備法は、連邦準備銀行が発行した連邦準備券（ドル紙幣）の額面の四〇パーセントの金準備を保有することを規定していたからである。しかも、それ以外の準備適格手形が不足している場合には、それも追加的な金準備でまかなうこととされていた。アメリカが通貨拡大に用いることのできる「自由な」金を大量に獲得した場合でも、国内需要拡大的政策に用いられることはほとんどなかった。こうして、海外から流入する金は連邦準備機構のなかに飲みこまれてしまい、通貨量を増加させて、物価をインフレートさせるためにはほとんど用いられなかった。

他方で、金がフランスやアメリカに集中したショックで他の諸国の物価、したがって世界の物価はとくに一九二〇年代後半、低下傾向を強めた。物価の下落がつづくことにデフレーションの予兆を読みとった連銀関係者はいなかったのである。

農産物輸出諸国の困難

第一次大戦前との国際環境の大きなちがいの一つが農業をめぐる情勢である。第一次大戦時の食料需要が高く、価格も上昇したことが、戦後の農業問題の淵源となった。

小麦に典型的なように、アルゼンチン、カナダ、オーストラリアなど農業国が、アメリカと足並みをそろえる形で戦後に作付面積を増加させた。戦争中食料不足に悩まされたヨーロッパ諸国は、戦後には農産物を自給化しようとつとめた。関税を引き上げたり、フランスのように、混入比率（国内製粉業者が小麦粉に使用しなければならない国産小麦の比率）を高めに設定したりした。その結果、ドイツやフランスでは小麦自給率が大恐慌のころには一〇〇パーセント近くなった。アメリカは、本来なら貿易の自由化に進むべきだったが、逆に一九二二年にフォードニー＝マッカンバー関税法を制定して、関税を引き上げた。

アメリカや他の先進国が農業国に向けて資本を輸出（海外投資）したことも、後発国での新たな耕地の開拓、機械、新品種の導入など新規の投資をうながした。ヨーロッパ先進国は自給化をめざし、後発農業国は世界市場への参入とシェアの拡大をめざして、増産努力をつづけた。こうしたことの結果、小麦、砂糖、綿花、ゴム、コーヒーなどでは一九二〇年代に生産量がいちじるしく増大したばかりでなく、在庫（ストック）もじりじりとふえていった。

供給増加は、農産物価格の下落の方向への圧力となる。農産物価格は、ヨーロッパを中心とした戦後インフレーションが収束した後の一九二四年ごろから下落傾向をたどった。この間、工業製品価格は、農産物価格よりも高めに推移したので、農産物輸出にたよるしかないアジアやラテンアメリカの開発途上国の交易条件（輸出物価指数

÷輸入物価指数×一〇〇）が悪化した。

　このような事情による金の世界的な不足もあり、先進諸国からの資本輸出による支えがなければ、これらの諸国の国際収支のバランスを保つことは不可能であった。アメリカ資本がヨーロッパから引き上げられはじめた一九二八年以降は、ひとつには資本輸入に頼っていたドイツなどの農産物需要の減少によって、いまひとつには資金不足から、これら農産物輸出諸国の困難は倍加した。

金本位制からの離脱

　一つだけ具体例を見よう。イギリス連邦内にあり、通貨がポンドにリンクしていたオーストラリアの場合、ポンドの過大評価によって、一九二四～二五年以降、国内物価が低下しはじめ、輸出物価がそれに連動して下がっていった。とくに、一九二八～二九年には輸出物価は二五パーセントも下落した。

　他方で、連邦政府と州の仲裁委員会の監督下にあった賃金は生計費にスライドしてはいたものの、輸出物価ほどには下がらず、一九二八～二九年の下落率は五パーセント未満だった。農産物価格の下落と先進国からの資金借入の停止とは連動していた。一九二三年から二八年のあいだに対外債務は四億二〇〇〇万ポンドから五億七〇〇〇万ポンドに増加したうえに、一九二九年初頭にはロンドンでの新規公債募集がほとんど不可能となった。

一九二九年前半には貿易収支は赤字となり、政府はデフレ政策を余儀なくされた。金準備は減少し、年末にはオーストラリア・ポンドは下落しはじめた。一九二九年末に政府は金を集中管理に移し、金の割当制に踏みきり、国内金取引を停止した。やがて、輸入関税が引き上げられ、輸入禁止品目が設定された。政府は経費を約一〇パーセント節減したが、状況は好転せず、一九三一年一月には、オーストラリア・ポンドは約三〇パーセントの切り下げに追いこまれた。

一国の為替下落は、国際金融関係を通じて他国の農産物価格の下落にみちびき、物価下落の負担が他国に転嫁されていく。一九三一年秋、オーストラリアなどスターリング（ポンド）圏諸国はイギリスの金本位制放棄にならって金本位制を離脱した。大恐慌の最初に国際収支危機におちいったのは、一次産品輸出国などの債務国だが、もともと賠償金という巨額の債務を抱えるドイツは先進国では例外的な債務国であった。

ヨーロッパの金融パニックが本格化する一九三一年より以前に、ケインズが主張したような世界同時的な拡大政策の実践という形で国際協力ができていれば、その後の恐慌の歩みは実際とは異なっていたかもしれない。なぜ共同歩調をとる必要があるのかといえば、金為替本位制という枠組みのなかで一国が拡大政策をとった場合、その国の物価だけが上昇し、インフレが進行して、輸出競争力を失う危険があったからである。

恐慌の進展にともなって、しだいに多くの国が金本位制を離脱して、それぞれの通貨をフロートさせることになると、こんどは固定相場を維持している諸国が割高な為替によって、困難を倍加させることになる。アメリカの場合、イギリスとその連邦諸国が金本位制を離脱した一九三一年秋以降、恐慌は深まった。「金ブロック」と呼ばれる最後まで金本位制に踏みとどまった諸国（フランス、ベルギー、スイスなど）では、恐慌の影響があらわれるのが遅く、景気回復も遅れた。

国際政治から孤立したアメリカ

第一次大戦前後には、資本主義各国の政治は大衆の動向を無視しては進むことができなくなった。選挙権の拡大もあるし、何よりも総力戦としての第一次大戦で国家は総動員体制をしき、男性兵士を戦線に送りだすと同時に、銃後でも女性や子供を軍需工場に徴用した。このように相当数の国民に犠牲を強《し》いたため、国民各層それぞれが一定の社会的な「認知」をえて、地位が向上した。また、フランスの戦後に見られるように、「戦勝国」政府が犠牲者たる国民に相応の補償をするのは当然という考え方も生まれた。

国際関係の面では、エリートがもっぱら政治を動かしていて大衆の動向はさして影響しない、という時代ならまとまった条約も、まとまりにくくなった。なかでも、大衆の「孤立主義」ムードが進行した結果、エリートもそれに引きずられる形で国際政治から自己隔離したのがアメリカである。

第一次大戦後まず、一九二四年の移民割当法でヨーロッパからの移民受け入れを縮小し、アジア系にたいしては事実上の移民禁止を行って排外主義的態度を鮮明にした。ウィルソン大統領の提案した国際連盟に参加せず、高関税政策をとって自国の賃金物価のレベルの維持に意を用い、自由貿易の拡大には積極的ではなかった。軍縮条約やドイツ賠償交渉のもつれから「ドーズ案」による調停役を余儀なくされたりしたが、基本的スタンスは孤立的だった。

一九二〇年代末期の民間資本の動きもこのような「孤立主義的」スタンスが伝染したかのようだった。一九二〇年代の後期、アメリカの資本がヨーロッパや他の開発途上国に流出しなくなり、逆に、上昇をつづける株式市場での分け前を求めて、それらの地域からアメリカにたいして資本の逆流が起きたことも、民衆のムードや、主観的な孤立主義と無関係でないような気がする。

政治や経済の内向き、孤立化は一国主義的に経済をコントロールでき、不況を脱出できる国にとっては都合の良いディシプリンであるが、そうした方向が困難な国にとっては、ファシスト的な解決を合理化するための口実ともなった。両大戦間期はしばしば、国際的に見てリーダーシップ不在の時期とされるが、国民の同意と他国の同意を同時に取りつけることの困難さを見せた点ではまさしく現代の起点であった。

資本主義システムの不安定化

以上の議論を一九二九年大恐慌の原因につなげる形でまとめてみよう。これまで見てきたように、一九二〇年代の世界経済はさまざまな不安定要因をかかえていた。第一に、第一次大戦が主要大国間の力関係を変えてしまった。ヨーロッパ、とくにイギリスの経済力の低下と、それにかわるアメリカ合衆国の台頭が、資本主義システム全体を不安定にした。

戦前の繁栄を支えた産業が国際競争力を低下させてしまったイギリスは、ロンドンによる世界金融の支配権を維持しようとして短期資金への依存を強め、また金本位制復帰にさいしてポンドを過大評価した。アメリカは、ニューヨーク連銀総裁ストロングの時期にはイギリス、フランスとの国際協力をスムーズに行ったが、彼の死後は連銀当局内部での対立を調整できなかったばかりか、国際協力にも消極的となった。

ドイツでは、もともと賠償支払いのためにアメリカなどから大量の資金導入をしたのだが、連邦政府も地方政府も借入金を自明の前提のように費消する「過剰消費」的な傾向をもつにいたった。当時、賠償—戦債循環がまがりなりにも機能していた。すなわち、アメリカがドイツに資金を供給し、ドイツはその資金で経済復興をとげると同時に、賠償金をフランス、イギリスに支払い、フランス、イギリスはその資金で復興しながら、アメリカにたいして、戦債の元金と利子を返済した。ところが、アメリカの証券市場の過熱によって資金がヨーロッパに行かなくなるとこの循環は止まった。

第二に、世界農業問題が深刻化した。ヨーロッパ諸国の自給努力と保護政策、開発途上国の生産増加、アメリカ農業の機械化の進展による供給力増加などによって、供給側の余力が増した。他方で、衣食生活の変化によって需要側がさほどの伸びを見せなかったから、農産物はしだいに世界在庫をふやしていった。

なかでも国民経済上大きな地位を占めていた（一九二〇年には第一次産業の雇用構

成比は二八・九パーセントだった）アメリカ農業所得の停滞は、一九二〇年代の繁栄の足をひっぱる要素をはらんでいた。農業問題未解決のまま、一九二〇年代末期には開発途上国から国際収支危機が広まっていった。

限界を迎えつつあった内需

第三に、第一次大戦後の世界経済のなかで、新たな耐久消費財、自動車、住宅によって景気を牽引してきたのはアメリカだが、そうした新産業を支えた内需も、生産性の伸びに遅れた賃金の伸び悩みや、農業地帯の不振によって一九二〇年代末期には限界を迎えつつあった。信用販売の普及にもかかわらず、中産階級の上層にそれら消費財の一定の飽和が見られると、購買力は縮小した。

増大する需要に応じて設備拡張してきた企業の側は需要の頭打ちによってしだいに採算を悪化させたが、しばらくは株式ブームに支えられて現状を維持した。

一般的に一九二〇年代は上層の所得階層の人びとの所得の増加がきわだっていたのに、下層労働者の所得増加は控えめだった。最富裕の五パーセントの人びとが所得全体に占めるシェアは一九一九年の二六・一パーセントから一九二九年の三一・九パーセントに上昇した。一般の勤労者の所得が生産性の伸びに比して伸び悩んだのは、労働組合の弱体化とも関連する。組織率は一九二〇年の一二・一パーセントから、一九三〇年の七・四パーセントへと減少した。

耐久消費財支出はこのころ本格化した信用販売によって加速されていたので、都市住民の債務残高は増大した。また、農業生産拡大のために土地や機械を一九二〇年代前半までに購入した農業経営者たちの債務も累積しつつあった。好況のもとでも農地の抵当権解除率は高く、連動するかのように地方の小さな銀行の倒産が相次いだ。こうした債務構造は、いったん景気が悪化してくると、不況の進行を加速させた。

連邦準備銀行の政策転換

第四に、これまでの研究史で確認されてきたアメリカ国内の資金循環にかかわる事情がある。この時期に成長した巨大企業の多くは資金を銀行に依存せず、自己金融でまかなっていた。他方で、農民や都市民の預金を多く集めていた銀行は、巨大企業からの資金需要が期待できなかったために、中小企業金融や不動産担保貸付と証券担保貸付に乗り出した。しかも、しだいに、企業合同や投資会社設立などの実体経済とあまりかかわらない目的の貸付がふえていった。それらの資金の相当額が一九二〇年代末期には株式ブームに吸い寄せられていったのである。

だが、こうした事情があればすぐに恐慌になるわけではない。国際的な貿易金融の微調整をふくむ各国の協調的な行動と、国内における適切な金融政策がつづけられれば、景気の下降は防げないとしても、それを幾分なりともなだらかなプロセスにすることは可能であったろう。

ところが、ニューヨーク連銀総裁ストロングの死の前後から、連銀の金融政策が引き締めの方向へ踏み出してしまった。ストロングは主要国との協調には熱心で成功をおさめる場合が多かった。一九二七年七月のイギリスのポンド危機にさいしては、アメリカ保有金の一部をポンド為替に換えること、そしてアメリカの公定歩合の引き下げと買いオペレーションに同意した。一般的に、一九二〇年代は金がアメリカに集中したので、アメリカが大規模な資本輸出を行って他国の金やドル為替準備をふやす方策は正しかった。

いまひとつの金の集中国フランスの場合、一九二六年の「事実上の」安定以前はフランが減価していたので、フランス銀行ではドルやポンド為替をかなり蓄積した。ところが、とくに一九二八年の公式のフランの安定以降は、フランの過小評価もあって、蓄積した外国為替準備を金に換えようとする動機がはたらいた。これは、とくにロンドンにとっては大きな不安定要因となった。

以上の経緯は、アメリカが資本輸出を縮小し、あるいは連銀が引き締め方向に政策を転換すれば、諸外国の外国為替準備が減少し、より多くの金がアメリカに集中するだろうこと、したがって、国際経済のなかの通貨的に弱い諸国ほど大きなプレッシャーを受けて経済をさらに弱体化させることを意味した。そして、一九二八年後半から二九年にかけて、まさにそうした事態が起きたのである。

抑制ではなく刺激を

一九二八年初頭から連邦準備理事会（ＦＲＢ）と各連邦準備銀行は売りオペと割引率の引き上げの両方で引き締め政策に転じた。もっとも、こうした政策に賛成する委員ばかりではなかった。引き締め政策に一貫して反対したある委員はこう述べている。「株式市場活動を制限する目的で割引率を引き上げることは、連邦準備理事会の権限内の他の施策がその目的を達成するのに失敗したときにのみ行われるべきである。銀行信用がブローカーズ・ローンへの投資に間接的に用いられるからといって、農業やビジネスを罰することには賛成できない」(Lester V. Chandler, *American Monetary Policy, 1928-1941*〔Harper, 1971〕, pp.42-43.)。

また別の委員はこう述べている。「商業やビジネスをたすけるために割引率を固定することは、株式取引所の売買以外のすべての種類のビジネスに適用される。しかも、連邦準備理事会に入ってくるビジネス・レポートは株式取引所（おそらく国全体の信用の一二〜一五パーセントを扱っている）をのぞいては、すべてのビジネスは抑制でなく刺激を必要としていることを正しく示唆している」（*Ibid.*, p.67.）。

ニューヨーク連銀が他の連銀にならって割引率を四・五パーセントに引き上げたのは五月一八日である。七月末までに、各連銀割引率は四・五〜五パーセントとなり、政府証券売りオペ総額は四億ドルに達した。その後、年末までは大統領選挙もあって、それ以上の施策は採られなかったが、株式市場の急騰が抑制されない一方で、引き締め効果はじわじわと経済に浸透していった。

利上げ派の台頭

金の流出は一九二八年年央に止まり、流入に転じた。外国証券のアメリカ市場での発行はわずかなものとなった。国内の金利に敏感な住宅建築が勢いを失い、高額の耐久消費財の購入が減速することは避けられなかった。建築産業の被雇用者数は一九二七年に一六〇万人まで伸びたが、これがピークとなり、一九二八〜二九年に一〇万人、二九〜三〇年に一二万人、三〇〜三一年に一六万人、三一〜三二年に二四万人と

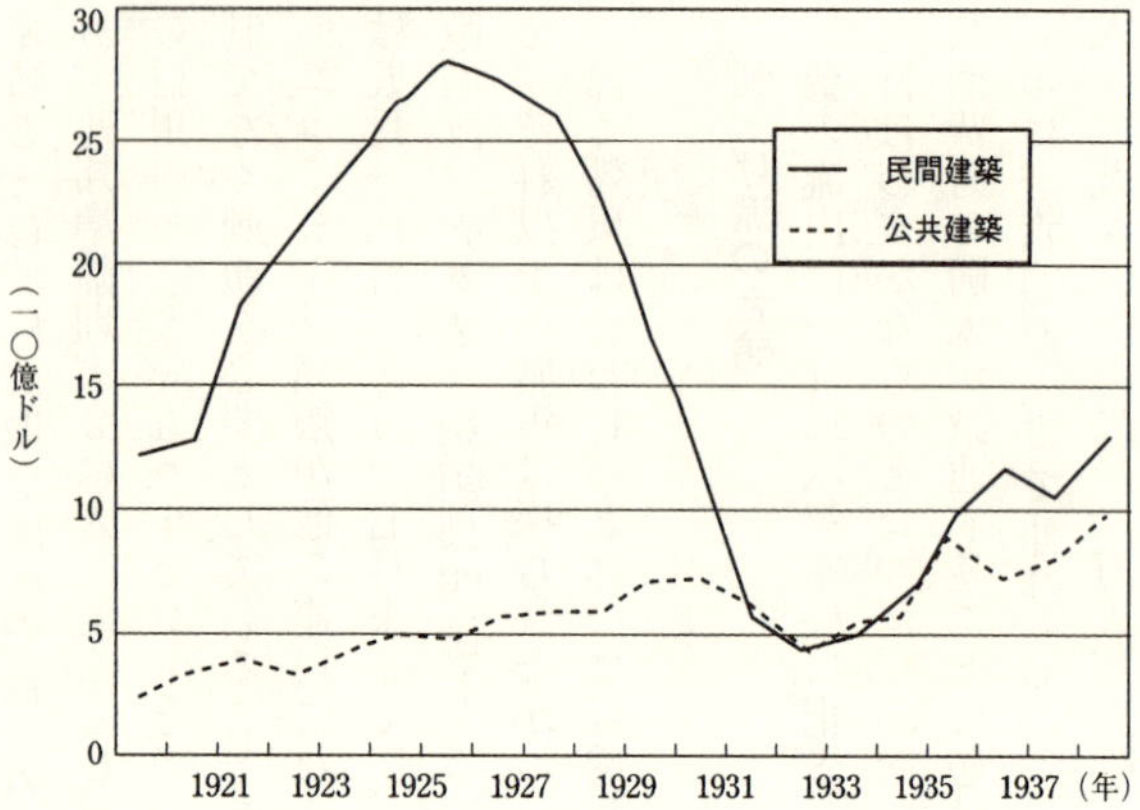

資料：*Historical Statistics of the U. S.*.（1975）

図３　新規住宅着工額（1920～39年）

減少して、一九三三年には八一万人と最盛期の半数となった。図３でわかるとおり、民間住宅建築はピークが一九二五年から二六年にかけてであり、一九二八年までは公共建築とオフィスビルの需要によって住宅建築の落ちこみをカバーしていた。

連邦準備関係者は、「株投機目的の」信用の過剰利用を抑制したいと思っていたし、「正当な」目的のためには、資金をより豊かにより低利で供給し、海外の金融への圧力を減らしたいと望む点では共通だった。だがその方策となると、直接的統制から、割引率の引き上げにいたるまで意見がわかれていた。

一九二九年二月には各連邦準備銀行は「投機的証券貸付」を行わないようにせよとする金融引き締めのための「直接行動」を連邦準備理事会から要請された。三月ごろにはヨーロッパの利上げの予測から路線転換をして利下げに踏み切るべきとの意見も浮上したほどだったが、五月ごろには直接統制を論ずる人びとは守勢にまわり、利上げ派が台頭してきた。

だが、国内金融がタイトになる秋が間近いことと、ヨーロッパの情勢の悪化から悲観論も出てきた。ある連銀の理事は「秋にかなり決定的な景気停滞が起きる方向に向かっているのではないかと私は感じている」と書いた（*Ibid.*, p.43.）。直接的引き締め行動は六月一二日には中断された。だがこの間にある程度、連邦準備加盟銀行のブローカーや株ディーラーへの貸付が減少したことはたしかだとしても、それ以上に顧客向けの通常融資が減少したことが、市中金利を上昇させ、債券価格を下落にみちびいたのである。

八月八日にニューヨーク連銀は割引率を五パーセントから六パーセントに引き上げ、同時に一二〇日満期以内の手形買入レートを〇・一二五ポイント引き下げた。これは投機目的の貸付を防ぎ、債務返済その他の緊急性のある手形の買入によって市場に資金を供給するためだと説明された。

ちなみに、イングランド銀行が九月二六日に公定歩合を五・五パーセントから六・五パーセントへ引き上げたことが、ニューヨーク株暴落の開始に多少影響したかもしれないが、もともとアメリカ自体のこの二年間の金利上昇がイギリスをはじめヨーロッパ諸国の困難を倍加させていた事情を忘れるべきでない。

やがて一〇月の株式市場暴落の後に、ニューヨーク連銀は割引率を四回引き下げて四・五パーセントにした（図1、二七ページ）。

なにが必要だったのか

こうして見てくると、建築や自動車その他の実需をともなったブームがある程度の成熟期を迎えて利潤率が下がる局面に入っていた二年間は、むしろ金融緩和がふさわしい政策であったように思われる。

金融緩和によって「投機」はおさまらなかったかもしれないが、逆に株暴落後にはアメリカ経済の足腰はあれほど弱まらなかったかもしれない。後にニューディールのもとで連邦準備理事会調査部に配属されたラウチリン・カリー（Lauchlin Currie, 一九〇二～一九九三）が述べていたように、当時の連銀の政策は貸付と投資の数字にのみ基づいて行われており、きわめて低い率でしか増加していなかった通貨供給量は、政策判断の材料とはならなかった。

彼が正しく判定したように、一九二八年から二九年にかけての事態は、貨幣所得の増加速度が財の生産の増加を上回ったために商品価格の高騰や利潤の肥大化が発生したというのではなく、むしろ大半の産業部門がフル稼働しつつもなお一部には不振が存在し、生産性上昇が利潤に吸収される過程をふくめて、財貨が安定した価格で消費される局面だと理解すべきだった（Lauchlin Currie, "The Failure of Monetary Policy to Prevent the Depression of 1929-32," *Journal of Political Economy* 42-2〔April 1934〕, pp.160-161.）。

とくに、景気が明らかに底を打ったと考えられる一九二九年に入ってからの金融引き締め政策は、連銀がとりうる政策としてはまさに逆であった。なぜなら、建築請負額の減少やその他の資本投資が減退する兆候があらわれていた一方では、貯蓄額は減少していなかった。しかも、一九二〇年代の貯蓄は耐久消費財購入目的に役立てられることが多かったのである。

つまり一九二九年には、さもなければ失業する労働力を吸収するためには利子率を引き下げて投資の拡大をはかり、財の供給額にくらべて、いずれは不足が見込まれた所得を増加させることが必要だったからである。

4　フーヴァーの失敗

先進官僚フーヴァー

一九二九年から三三年までの第三一代大統領だったハーバート・フーヴァーは、一九二一年から二九年、つまり二期にわたって共和党政権下で商務長官をつとめた。第一次大戦中には食料庁長官として、食料の安定供給や価格騰貴の防止に努力している。

フーヴァーは、政府の役割は、産業にたいして正しい統計的情報をあたえること、および産業を指導することだと考えた。政府の指導にもとづいて産業界は、業界団体を通じた自主的協力によって経営を合理化し、むだを省き、市場を拡大し、労働改革を行うべきだとした。

またフーヴァーは、いやがる鉄鋼産業を説きふせて労働者の一二時間二交代制を、八時間三交代制に変えさせた。一九二〇年代が産業と政府との「協調的国家」の時代と呼ばれるゆえんである。

対外的にも、政府は資本の海外投資を促進するための「イコールアクセス」確保のために、石油産業やゴム産業について海外諸国との交渉を率先して行った。フーヴァーは当時の先進官僚であり、限定された範囲で産業をリードするのが政府の役割だと考えていた。

フーヴァーの商務長官時代の業績として著名なのは、一九二一年の恐慌時にもうけられた「失業問題評議会」での提言である。当時の景気循環論にもとづいて経済活動は循環的で、基本的に自律的であるとの認識を彼は示した。公共事業は、民間産業の投資活動をひどく妨げることなく経済変動を安定化させるバランスホイールとして役立てられる。しかし、他方で救済事業は失業者の直接救済を目的とするから、景気にたいする影響は小さく、さしたる意義をもちえない、と彼は考えた。

「好景気はもうそこまで来ている」

フーヴァーの考え方には当時草創期にあった景気循環理論が微妙な形で影を落としている。循環性不況はいずれ、好況に転化するはずだ、という観念への信頼である。これを前提とすれば、そんなに政府が干渉しなくても景気は回復するはずだし、あるいは干渉すれば逆に「自然の」プロセスの進行を妨げてしまうことになる。しかし逆に、不況をなんらかの新たな構造変動をともなうがゆえに長期化する経済停滞だととらえれば、新たな発想をもった政策がどうしても必要になる。

フーヴァーが恐慌の前半期に盛んに繰り返したために当時の風刺の流行語にもなった言葉、「好景気はもうそこまで来ている」(Prosperity is just around the corner.)も、たんに政治的な発言とばかり見るのはまちがいであろう。

株価暴落の直後、大統領が産業界の指導者を集めて、「賃金レベルを維持する」よう要請することができたのは、それまでのフーヴァーの信念だけでなく、高賃金が経済を支えるという点についてアメリカの経営者の多くのコンセンサスがすでにあったからである。

しかし、当時ある経済学者は、こう批判している。産業界に賃金水準の維持を要請したことは、高賃金が高い購買力を意味する理論にもとづくのだが、就業している労働者の賃金を維持するためには、企業は一定数の労働者を解雇しなくてはならない。彼ら失業者の賃金はゼロなのだから、産業全体でみると、賃金総額が減少してしまう。フーヴァーは企業に現行賃金レベルを維持せよと勧告するのでなく、賃金総額を維持するよう呼びかけるべきだった、というのである。いずれにせよ、景気が悪化しつづける限り企業は賃金コストを削減せざるをえない。大統領の要請にはおのずから限界があった。

経済ナショナリズムへの心理的傾斜

一九三〇年六月に成立した「スムート＝ホーレイ関税法」は、もとはといえば、恐慌対策ではなかった。フーヴァーは一九二八年の大統領選挙のさいに、好況の一九二〇年代にもブームの波に乗りきれず、下がる一方の農産物価格に苦しむ農民たちにたいして関税引き上げを公約しており、それが工業製品の関税引き上げを求める業界の相乗りをともなって、実現したのである。

大統領は拒否権を行使すべきだとの一〇〇〇人の経済学者の勧告をフーヴァーは無視した。この法律によって課税対象品目の関税率は三九パーセントから五九パーセントに上昇した。一般に、関税によって輸入品が減少する分だけ、国内生産が増加することを考えれば、関税の経済効果は中立的である。

だが、世界的に不況が深化し、農産物のみならず工業製品の輸入需要が縮小していくプロセスでは、どの国も自国産品消費の政策にかたむく。この関税法は、各国がすぐに実施した報復関税をふくめて、各国の経済ナショナリズムへの心理的傾斜を強めた。多くの国では、輸出需要を景気回復への足がかりとして最重要な課題と位置づけることに二の足を踏んだ。

小さすぎ、遅すぎた

一九二〇年代の個人家計の貯蓄率は高かった。個人の貯蓄に企業の留保利潤《りゅうほりじゅん》を加えた総貯蓄率では一九二九年に、二〇パーセントにいたるまで増加をつづけた。貯蓄は住宅などの有形資産の購入や株式・債券、銀行預金などにまわったであろう。一九二九年の商業銀行の総預金額は一九六億ドル、貯蓄貸付組合の資産が八七億ドル、相互貯蓄銀行資産が九九億ドル、生命保険会社資産が一七五億ドルという具合だった。

むろん、恐慌の開始とともに、個人は預金を取り崩し、多くの農家や都市生活者は抵当に入っていた農地や住宅を手放したから、個人貯蓄総額は、一九二九年の四一・七億ドルから、一九三一年には二五・一億ドル、一九三二年にはマイナス六・五億ドルへと激減した。

後述するように、これらの金融機関のうちで北東部沿岸地域に限定されていた相互貯蓄銀行や、経営の安定していた生保会社を別として、商業銀行や貯蓄貸付組合の多くは、経営困難におちいった。商業銀行の破産は、中西部、西部、南部などの地域に当初集中し、恐慌後期になると、中・大都市へとしだいに広がりを見せた。

しかしながら、経済を拡大するための買いオペレーションなどについて、連邦準備理事会はおおむね消極的な姿勢に終始したし、フーヴァー大統領自身も恐慌の前半では目立った動きをしなかった。彼が金融機関救済のために何らかの政策をとる決意を固めたのは、イギリスが金本位制を離脱して、アメリカ国内でもいちだんと不況色が濃くなった一九三一年秋以降であった。

それらの多くは全体として「規模がはなはだ小さすぎ、きわめて遅すぎた」のであり、景気回復がはじまるまでのあいだ、金融制度を持ちこたえさせる目的の、いわば防御的なものだった。景気回復を呼びこむような拡大的施策ではなかった。

しかも、図1（二七ページ）が示唆するように、イギリスの金本位制離脱後、連邦準備理事会は、金の流出を防ぐため、二度にわたって再割引率を二パーセントも引き上げた。これは、また一段の株価下落にみちびいた。

反退蔵キャンペーン

一九三一年一〇月にフーヴァーが銀行家たちに呼びかけて五億ドルの資金をプールして、苦境にある銀行を援助させようとしたのが、「全米融資公社」（ＮＣＣ）である。これは基金の規模があまりに小さすぎたのと、当の銀行家たちが活動に熱心でなかったために失敗に終わった。

一九三二年一月に議会で承認され、二月から活動を開始したのが「再建金融公社」（RFC）である。RFCは連邦政府機関であり、資本金五億ドル、連邦政府保証証券を発行することで一五億ドルまでの借入を行うことができたが、七月には三三億ドルまでに増額された。もともとは銀行、保険会社、貯蓄貸付組合、閉鎖銀行の清算事業団、特定タイプの農業融資機構、そして鉄道会社に融資を行うものだった。

RFCは銀行の破産のスピードを緩《ゆる》めることはできたが、あくまでも二パーセントの利子とともに返却の義務のある融資であり、効果は限られていた。RFCは、全国で失業者やホームレスの人びとの救済を行っている州や自治体関係者からの強い要望によって、七月から州や地方自治体政府の救済事業向けの融資ができるようになった。RFCが本格的に銀行救済に動きだしたのは、一九三三年、ローズヴェルト政権下においてである。

ともあれフーヴァーにとっては恐慌対策のために意図せざる支出が重なったために、支出を拡大した分、歳入もふやして予算を均衡させることが必要となった。そこで、一九三二年の歳入法には所得税の一部源泉徴収、奢侈《しやし》品《ひん》税、物品税などが盛りこまれ、歳入面で平和時における最大の増税法となった。フーヴァーの均衡財政への信頼がバックファイア（意図と逆の結果を生む）したのである。

一九三二年になると、流通通貨量はふえたものの、じっさいには「流通」していないことがわかってきた。つまり、銀行破産が急増したために、一般人が銀行預金にたいする信頼を喪失し、お金（連邦準備券）を退蔵しはじめた。これは恐慌期特有の現象である。

しかも、表向き流通量がふえると、金準備がその四〇パーセントなくてはならないのだから、金準備のますます多くの部分がそれらの手当てに用いられてしまう。ところが、アメリカ・ドルが世界各国で外国準備為替として預金されているので、海外から金への請求が来たときに減少しつつある「自由金」で対処しなくてはならないが、自由金がすぐに枯渇する恐れが出てきた。となると、金本位制離脱しか方法はないが、それこそフーヴァーがもっとも忌避する選択肢だった。

フーヴァーは一九三二年二月に「市民の復興機構」なるものをつくり、国民の愛国心に訴え、退蔵が非アメリカ的行動だとして、反退蔵キャンペーンに乗り出した。しかし、七月までに金の輸出はネットで四・四億ドルに達し、この運動が失敗だったことを裏付けた。

連邦政府は介入しない

フーヴァーのこの問題にたいするいま一つの方策は、二月のグラス＝スティーガル法である。この法律により、連邦準備券の四〇パーセントの準備に公開市場で購入されたアメリカ国債も加えることができるようになり、この要件緩和によって七億ドルの金が解放された。同時にこの法律は連邦準備銀行の加盟銀行にたいする貸付条件を緩和した。

一九三二年七月には一二の地区ごとの連邦住宅貸付公社（ＦＨＬＢ）が設立された。連邦政府が一・二五億ドルの資本を供給し、住宅貸付に深くコミットしている民間の金融機関に住宅抵当をもって貸付を行うものであった。公社は一〇月から営業を開始し、一九三二年末までにわずか八三・八万ドルを撒布《さんぷ》した。

農民にたいしては、三月に地域農業融資公社が創設され、さまざまな農業団体に融資できることとなった。

フーヴァー政府の代表的な農業不況対策は連邦農業委員会（ＦＦＢ）である。これは協同組合団体を通じて価格安定をはかるもので、すでに一九二九年四月に検討が開始されており、もともとは恐慌対策ではなかった。六月に成立した農産物出荷法は、余剰農産物を一時的に市場から除去すれば、国内農産物価格は維持できるとの考え方から、連邦農業委員会は余剰農産物を一時的にしかるべき穀物公社を通じて買い上げさせ、価格維持の目的を達したあとで市場に売却する、というものである。

一九二九年末から三二年まで、小麦の買い上げが実施されたが、巨額に上る世界在庫で暴落している小麦価格を支えることはできなかった。綿花の買い上げも実施されたが、結果はおなじだった。買い上げた農産物を放出するときに需給がゆるむと、市場価格をいっそう低下させてしまったのである。

フーヴァーの恐慌対策には、「連邦政府が直接介入しない」という姿勢が貫かれた。だから、RFCにしてもあくまで銀行や鉄道会社に間接的に融資する、というのが筋だった。これは恐慌下の民衆からすれば噴飯ものだったろう。政府は大企業や銀行には資金を提供しているのに、今日の食事に事欠くような失業者やホームレスにたいしては一銭の支出もされないのだから。連邦農業委員会が必死になって「余剰」小麦を買い上げている一方では、餓死寸前の人びとが国中をさまよい歩いていたのだから。

本章では、アメリカの大恐慌の起きた歴史的経緯を見た。両大戦間期のヨーロッパや資本主義世界の位置関係、そして恐慌の遠因が醸成《じょうせい》される経緯、さらに、連邦準備理事会がかかわることによって恐慌が現実化する様子を確かめ、当時のフーヴァー政権がどういうスタンスで景気の悪化に対処しようとしたかを見てきた。

次の章では、当時のアメリカの普通の人びとにとって、自分が失業することが何を意味したのかを見ていこう。

第二章　市民たちの大恐慌

1　失業者たちの長い列

「もうやめて自殺するのがいいのさ」

歴史家マッケルヴェイン（Robert S. McElvaine）は当時の失業者の行動と心理についてこう書いている。

恐慌がしだいに広がり、失業者はふえるばかりだったが、当初失業者の多くは、「仕事を見つけられない奴はどこかおかしいんだ」し、たしかに俺は仕事をなくしたけど、俺はまだ立派な仕事をやれる。仕事はすぐ見つかるさ、と感じていたのだった。毎朝夜明け前に起きて顔を洗い、ひげを剃《そ》り、なるたけ小ぎれいな服装をして工場の門のところへ行くと、もうすでに一〇〇人からの人びとがいて、通告の文字「従業員募集せず」をぼんやり眺めている。そこで求職活動はだんだんと熱心なものになる。

一九三四年のある日、ボルティモアの男が仕事を求めて二一マイル歩いた。「私はあらゆる場所で止まった」と彼はいう、「だけど、たいてい会社の奴らは私に話しかけようともしない」。職業斡旋所はどうか。長く待たされるが、まあ仕事に就くためには行く価値がある。そしてついにチャンス到来。質問は、氏名、年齢、経験。「そうですね、どうなるか、できるだけのことはしてみましょう」と職員はいう。「でも、同じような経歴の人がもうすでにこのファイルに一〇〇人以上登録していて、ほとんどの人はあなたより若いんですよ」。

雇用する側が選べるんですよ、買い手市場だから。まだ二〇歳代の失業者がたくさんいるのに、なんで四〇歳以上の人間を雇う必要がある？　結局のところ、会社は効率が良くなくちゃ。

一九三四年に絶望したシカゴの住民がこういった。「四〇歳をこえた男はもうやめて自殺するのがいいのさ」。

仕事を見つけられない日々が何週間、何ヵ月、そして何年にもなると、だんだんと仕事を見つけるのが困難どころではなくなる。精神的にまいってしまうのだ。最初に、自分が受けて当然と思っていた職種より低い質の仕事に就くことを受け入れるようになり、最後には相手に懇願するような態度になってしまう場合もある。

絶望が高じると、夜が耐えがたくなる。アリゾナの男がこういった。「先月は私は一二・五ポンドも体重を減らしちゃった、ただ考えているだけで。眠れないんだよ、なあ。朝二時ごろ目が覚めちゃう。それで横になったままでただ考えるんだ」(Robert S. McElvaine, *The Great Depression : America, 1929-1941*〔Times Books, 1984〕, pp.172-173.)。

前章では、読者を大恐慌の時代の世界とアメリカに案内したが、本章ではいま一歩踏みこんで当時の人びとの立場から恐慌がアメリカ全土に広まり、しだいに深刻化していく様子と、何らかの積極的な行動によって連邦政府や州政府の当局者にアピールすることを通じて局面の打開をはかろうとした運動とを考察の対象とする。

「仕事のない人」ではなく「失業者」

社会史家ギルバート・セルデス(Gilbert Seldes)にしたがって、大暴落からニューディールの開始までを三つの時期にわけて考えよう。

それぞれの時期の特徴を簡単に述べると、第一期（一九二九年一〇月～一九三〇年九月）では、人びとは「いつ好況時のような景気に戻れるか」を話題にし、期待した。一九二九年の失業者数は一五五万人、労働人口全体の三・二パーセントだったが、一九三〇年には四三四万人、八・七パーセントに増加した。しかしながら、この時期には失業の深刻さも、景気悪化が長引きそうだとの予測も一般人の想像外だった。スムート＝ホーレイ関税法が制定され、これも国内市場をまもって景気回復に資するであろうと想定された。州地方政府は公共事業やハイウェイ建設を提案した。

第二期（一九三〇年一〇月～一九三一年一二月）。一九三〇～三一年の冬から失業者数は一気に増大した。一九三一年には八〇二万人、一五・九パーセントとなり、圧倒的多数のアメリカ人が深刻な不安とともに生活することを余儀なくされた。各自治体や都市は自衛的な失業者向けの給食や宿泊施設の提供を本格化した。不況と無関係だと見られたソ連とその計画経済についての関心が高まるのもこの時期である。

一九三一年六月、ヨーロッパ向けの戦債と賠償支払猶予（フーヴァー・モラトリアム）によってもたらされるであろう海外発の景気回復を人びとは一瞬夢見た。しかし、ヨーロッパの景気は金融恐慌をともなっていっそう悪化した。一九三一年九月にイギリスが金本位制を離脱すると、多くの投資家の期待は暗転し、アメリカから流出

年	労働者数 ①	就業者数 ②	失業対策労働者数 ③	失業者数 ④ (①−②)	失業率 (%)	修正失業率 (④−③)/① (%)
1929	49,180	47,630	0	1,550	3.2	3.2
1930	49,820	45,480	20	4,340	8.7	8.7
1931	50,420	42,400	299	8,020	15.9	15.3
1932	51,000	38,940	592	12,060	23.6	22.5
1933	51,590	38,760	2,195	12,830	24.9	20.6
1934	52,230	40,890	2,974	11,340	21.7	16.0
1935	52,870	42,260	3,087	10,610	20.1	14.2
1936	53,440	44,410	3,744	9,030	16.9	9.9
1937	54,000	46,300	2,763	7,700	14.3	9.1
1938	54,610	44,220	3,591	10,390	19.0	12.5
1939	55,230	45,750	3,255	9,480	17.2	11.3

資料：M. R. Darby, "Three-and-a-Half Million Employees Have Been Mislaid".

表1　1929～39年の失業率とその修正値（単位は1000人）

した金の多くがフランスに吸収され、アメリカ国内の不況もいちだんと深刻化した。

第三期（一九三二年一月～一九三三年三月）は、フーヴァー大統領がとにかく「待ち」の姿勢に終止符を打ち、何らかの対策を開始した時期でもある。失業者数は一二〇〇万人、二四パーセントに達し（表1）、失業者のことを恐慌当初のように「仕事のない人」（the idle）でなく、だれもが「失業者」（unemployed）と呼ぶようになった。

失業者に仕事を確保することは依然、民間企業の責務だと考えられていたが、多くの失業者にとって仕事の確保は遠い夢で、寒さと飢えから彼らをどう救うかが大問題だった。民間団体と州や地方政府が協力して行ってきた救済事業が、対象となる失業者の急増と財源の枯渇によってどこでも危機に瀕《ひん》していたからである。

一九三二年七月に、フーヴァー大統領は、首都ワシントンに集まって軍人賞与の即時支給を求めていた退役軍人のキャンプを焼き払ったことで悪役としてのイメージを固めた。ホワイトハウスにたいする国民の失望は頂点に達し、人びとは関心を大統領選挙に移していく。

不況はいつデフレーションに転化したか

経済学では、先に説明したような、自立反転のプロセスをとおして景気回復が起きる可能性のある時期を不況とは呼んでも、デフレーションとはいわない。不況が深化して、人びとの期待がある点をこえて悪化すると、もはや自律的に景気回復を望むのは無理で、放置すれば需要不足、資金不足が経済活動の低下を呼びこんで、景気はらせん的悪循環を描いて悪化する。この時期をデフレーションの時期と見る。私見では、第二の時期の半ば、一九三一年の夏ごろがアメリカの不況が真性のデフレーションに転化した時期であり、その分岐点はヨーロッパ全域が金融恐慌の波にもまれて、その反作用がアメリカにおよんでくる九月ごろだと考えられる。

ありえないことではあるが、第一の時期にフーヴァー政府がスムート＝ホーレイ法を制定せず、逆に連邦準備理事会とタイアップして早めに大胆な金融財政政策を実施していれば、いっそうの景気の悪化は防げたかもしれない。

紡績工の七人に三人が失職

一九二九年一〇月の株価暴落から二ヵ月後、すでに数十万人が職を失ったといわれる。産業ごとに違いはあったが、一九二〇年代から事業が思わしくなかったニューイングランドの繊維の町では、暴落から一年後には紡績工の七人に三人が失職していた。自動車の町デトロイトではフォード工場の従業員は一九二九年三月には一二万八〇〇〇人いたものが、一二月には一〇万人に、そして一九三〇年九月には三万七〇〇〇人に減っていた。

大恐慌時の一〇〇〇万人をこえる失業の深刻さがしばしば語られるが、連邦政府が全国調査によって失業者数を確定、公表できるようになったのは一九三七年のことであり、それ以前の数字は民間調査機関等の推計を総合した不完全なものだった。事態の正確な把握が連邦政府政策担当者の側でもできていなかったことが、失業問題にたいする対応を遅らせる一因となった。

労働時間を減らすか、解雇か

パートタイマーが多かったのも大恐慌のころの特徴だ。たとえば、一九三一年にシンシナティの労働者のうちで失業者は一八パーセント、パートタイマーは一九パーセントだった。

表2を見よう。製造業の場合、時間賃金レートは一九三一年になるまでわずか一〇パーセント程度の低下であり、この時点までは、フーヴァーの賃金レートを維持せよとの要請は産業界によってまもられたと見られる。一九三二〜三三年になってはじめて二〇パーセントほどの切り下げが起きた。だが、企業として採算をとるためにはどこかでコストを削減しなければならない。そこで、就業者の労働時間を減らすか、あるいは就業者数を減らす、つまり解雇する。この二つの方法が限界に達した場合には、賃金レートの見直しに踏みきらざるをえない。

こうして、表2でわかるように、平均労働時間が減少していく。週平均収入は名目で三分の一ほど減少したが、生計費も二五パーセントほど下がったから、実質週収入の減り方は小さかった。就業している労働者の暮らしぶりは極端には悪化していなかったのである。

年	時間賃金	週賃金	生計費	実質賃金	生産性
	(1923―25平均=100)				(1923=100)
1929	105	104.2	99.5	104.7	131
1930	102	96.8	96.9	99.9	135
1931	96	86.8	88.2	98.4	140
1932	82	70.4	79.2	88.9	131
1933	82	68.3	75.0	91.1	137
1934	99	75.3	77.7	96.9	144
1935	102	81.2	79.6	102.0	152
1936	103	86.7	80.4	107.8	152
1937	115	94.4	83.4	113.2	151
1938	116	86.8	81.8	106.1	154
1939	117	93.8	80.7	116.2	169

注：時間賃金は製造業の平均値，生産性は製造業の人・時間あたりの指数．
資料：*Historical Statistics, Colonial Times to 1957.* (1961)

表2　実質賃金と生産性

ただし、この表に出ていないが、賃金俸給をあわせた労働者の貨幣収入の総額はこの間に四二・五パーセントも減少している。業種別では建設業が七五・四パーセントの減少で最大、ほぼ半減のレンジに入るのが鉱業、製造業、農林業、輸送であり、減少幅が小さかったのは、政府、公益機関、金融保険などであった。製造業のなかで、減少幅が大きいのは、鉄鋼、非鉄金属、自動車、機械、木材など重工業系のものであり、軽工業では賃金減少の規模は比較的小さかった。

失業者の内訳を年齢別に見ると、若年層でもっとも高く、五〇代以降の高齢者がつづき、中心の年齢層がもっとも低かった。一九三五年一月のミシガン州では、平均失業率が一八・八パーセント、一五〜一九歳が三四・三パーセント、二〇〜二四歳が二四パーセント、五五〜五九歳が二三パーセントだった。人種別では、黒人の失業率が白人よりもはるかに高かった。

残ったのはパートタイム労働者だけ

大恐慌下の工業労働者は、大量失業のもとで仕事口の確保・継続が不確かだったから、幸運にも就業している労働者でもこれまでにない苦難を経験した。失業や就業の実態も、二五パーセントにおよぶ失業率で想像されるよりもはるかに深刻だった。たとえばU・S・スティールのフルタイム就業者の数は一九二九年には二二万四九八〇人だったが、一九三〇年には二一万一〇五五人、一九三一年には五万三六一九人、一九三二年には一万八九三八人、そしてついに一九三三年四月にはゼロとなってしまった。この会社に残っていたのは、一九二九年のフルタイム就業者の約半数のパートタイム労働者だけだったのである。

就業機会を求めて、都会へ流入していた人の流れは止まるか、あるいは逆転し、おびただしい数の人びとがあてもなく彷徨《ほうこう》していた。

シカゴの医者は、人びとが街路や市街電車のなかで飢餓状態にあり、毎日、市街電車で気を失う人がいたことを回想している。街路でも突然ばたんと倒れるのである。

だれかが倒れた人を医者に連れこみ、意識を回復しても何も尋ねずに、食べるものをあたえた。とくに冬は寒さからどう身を守るかが問題だった。

家族も試練にさらされていた。結婚率も、出生率も劇的に下がった。だれもが盗みをしても不思議でない状況下で略奪者であり、また臆病者でもあるという「コヨーテのような精神」が語られた。失業した父親は家族のなかでの権威をなくし、軽蔑の対象となった。二年間、自尊心を保つために自分の家の塗装をしている人もいた。

不況（ディプレッション）は、精神的な抑鬱《よくうつ》状態（ディプレッション）をも意味したのである。だれもが仕事を失う恐怖のなかで生きていたといっても過言ではない。

フル稼働は全企業の二六パーセント

大恐慌下においては衣料、食料などの生活必需品の価格は大幅に下落したために、就業者の実質賃金は平均的な数字でみるかぎり、あまり下がらなかった。時間あたり賃金レートが下がりはじめたのは一九三一〜三二年以降である。U・S・スティールがフーヴァー政府の賃金維持策への協力を断念して一〇パーセントのカットに踏み切ったのは一九三一年九月だったし、フォードも翌月それにつづいた。だから、失業を免れて完全就業している労働者は生活水準の劇的低下を経験しなかったであろう。しかしながら、そのような人びとはあまりにも少数であった。不完全就業労働者たちは労働時間自体の削減によって多大の影響をこうむっていた。

一九三二年三月の全産業部門をふくむ六五〇〇の会社の調査では、フル稼働態勢で操業しているのはわずか二六パーセント未満であり、週五日以上は二八パーセントだった。フル稼働態勢は商業部門に偏っていた。

労働者全体のうちでは五六パーセントが、平均して通常の五九パーセントの時間に働くパートタイム労働者だった。一九三一年四月のフィラデルフィアの調査では、完全失業者二五・五パーセントにたいして、パートタイム就業者は一三・八パーセントに達していた。

状況は、産業部門、労働者の年齢、性別、人種によっていちじるしく異なっていた。製造業部門に限ってみると（一九二三〜二五年平均＝一〇〇）、一九三三年三月までに雇用率は五八・八まで、また賃金支払総額は三七・一まで下落していたのである。

こういう状況下では、雇用されている人びとも彼らが持っているお金をなかなか使おうとはしなかった。翌月には路上に放り出されているかもしれないからだ。人びとがきそって割賦信用に頼ってまで耐久消費財を購入した一九二〇年代とは対照的である。当然、消費の冷えこみは加速され、景気が悪化した。

2　自宅を追い出された人びと

フィラデルフィアの試み

フィラデルフィア市は建国の昔から、パニックの時には民間の自助努力で不況を克服してきた。ただ、どちらかといえば、この都市は一九二〇年代の全国的ブームに乗り遅れていた。繊維産業と建築産業の停滞がそれに貢献した。暴落の前の一九二九年四月にすでに失業率は一〇・四パーセントに達していた。

そのころからすでに、自宅をもつ家族は、家を失った友人らに部屋を提供していた。フィラデルフィア家族協会は、一九二九年に月に七五〇家族という最大限度まで活動していたが、恐慌の開始とともに状況は悪化した。一九三〇年六月には市内の失業者は一年前の四割増となり、ブレッド・ライン（パンなど主食を無料配給する食堂にならぶ失業者の行列）やスープ・キッチン（一種の無料炊き出し食事施設）がはじまっていた。

市議会はこれまでの慣例を破って一五万ドルを支出することを決定したが、冬前にこの資金はなくなった。やがて、民間主導による一〇〇人委員会が結成された。資金集めキャンペーンが行われ、四〇〇万ドルが寄付によって集められた。委員会は市議会を説得して、市から三〇〇万ドルを救済向けに融資させ、市は失業局を設置した。就職斡旋や貧困家族のための食料、燃料が購入された。労働担当部は臨時的な失業対策事業（新規建築でなく清掃、修理、環境整備的な仕事など）を創りだした。一二〇〇人以上を雇い、一二万ドルを支出した。

ホームレスの人びとのための緊急シェルターが作られ、ある会社から八階建ての旧《ふる》いビルを借りて三〇〇〇個の簡易寝台が整えられた。食事と宿泊のために救済対象者は一日に三〜四時間働くものとされた。栄養不良に悩む学童（約八〇〇〇人）のための朝食もこの都市のユニークな試みである。こうして、このビジネスマン、ソーシャルワーカー、学校、市役所の協力による事業が全国のモデルともなった。

盗みで飢えをしのぐ

その後も積極的な寄付金キャンペーンによって五〇〇万ドルが集められたが、わずか三ヵ月で底をついた。四八〇〇〇家族が救済を受けており、さらに毎週二〇〇〇家族がそれに加わるという状況だった。一九三二年四月には基金は完全に枯渇した。ちょうどそのとき、州が市にたいして援助をすることが認められ、二五〇万ドルが提供された。これでなんとか一〇〇人委員会は二ヵ月延命したが、六月、ついに委員会は解散することになった。

一九三二年の夏、救済を受けることのできない人は五万七〇〇〇人に達していた。彼らは救済打ち切りの後も生鮮食料品市場からの廃棄品や、物乞《ものご》い、場合によっては個人の玄関先からの盗みなどで飢えをしのいだ。連邦政府に救済を求める声が強まった。

先の一〇〇人委員会の議長をつとめたホレイショー・G・ロイド（Horatio G. Lloyd）は、解散にさいして以下のような声明を発表した。

今日の状況はこの委員会が最初に設立された時に予想されたものとはきわめて異なるものである。不況の継続、膨大かつ増加しつづける失業者、そして全般的経済状態は、生活のもっとも基本的な必要にたいしてさえも、状況が民間の慈善事業資源から救済を行う可能性をはるかにこえて事態が進展してしまったとの認識について議論の余地はない。現在、市民の相当部分の健康と生命さえも救うには、より多くの慈善ではなく、「連邦」政府の行動をこそ要求する規模に達している(Bernard Sternsher, ed., *Hitting Home : The Great Depression in Town and Country*〔Elephant paperbacks, 1989〕, p.80.)。

六〇〇〇人のリンゴ売り

大恐慌下のニューヨークやその他の大都市を象徴するリンゴ売りの列には、どのような背景があったのだろうか。

一九三〇年の秋、経営に行き詰まったリンゴ出荷協会は、失業者にリンゴを売ってもらうというアイディアを思いついた。木箱一つで一・七五ドルである。街頭ではリンゴは一個五セントで売られ、もしも全部売れると、売り手には一・八五ドルの純益が入るという仕組みであった。

一一月にはニューヨークだけでも六〇〇〇人のリンゴ売りがいた。フーヴァーはある時これについて、「多くの人びとがより利益の上がるリンゴ売りに転身するために仕事をやめた」と評したという。ちなみに、ニューオリンズではルイジアナ・オレンジでおなじことが試みられた。これらの売り手にたいして道行く人びとは当初はめずらしさや同情から購入意欲を見せたものの、数ヵ月も経つと、売れ行きはがたんと減ってしまった。

「チャンスをくだせえ」

一九三一年はじめ、ニューヨーク市職業斡旋所を訪れたある記者は、次のようなレポートを書いている。

部屋はまったく静かだ。かすかな、求職者たちの絶望的なさざめきが聞こえる。この侮辱を強いる社会システムの上で辛抱強くしていて、彼らはまったく無言で立っている。何も出ていない状態は苦痛だ。私の近くのデスクの向こうでは事務員が鉛筆をもてあそびながら、すわっている。待つ。電話が鳴った。新しい仕事だ。せかすような会話。カードが記入され、半白髪の、丸い顔をして、あごひげがカールした「競売人」に手渡された。メガホンをつかんで、素早く壇上に立って、彼は叫ぶ。「タイプライター修理、男性、一時間一五セントで、四時間労働。デスク、ナンバー2」。群衆の中に動きがある。固まった一団が揺れる。半ダースの人々が人波をかきわけて出てきた。仕事が、至福の恵みが、おそらくは手の届くところにある。彼らはあらん限りのアピールをしながら事務員にむしゃぶりつく。「どうか、ミスター、私は熟練の機械工です」「どうぞ、私は家族もちなんで」「チャンスをくだせえ」。すばやく、その事務員は二人を選びだす。幸運な二人の競争者はこぶしのなかに貴重なカードを握りしめて部屋から走りだす。どちらも「相手をやっつけて仕事をとる」ことを望みながら。一つの仕事に二人が送られ、雇主が選ぶのだ。事務員は彼の机に戻る。重い足を引きずりながら、四人の失望した人々がゆっくりと戻り、辛抱強い群衆と再び一体化する。二人をのぞいた残り一〇〇〇人の絶望的な人びとが無言の訴えのなかに凍りつく。もう一度電話が鳴るまで（Milton Meltzer, *Brother, Can You Spare a Dime? The Great Depression, 1929-1933*〔NY, Facts On File, 1991〕, pp.19-20.）。

平均すると五〇〇〇人が毎日このフロアに仕事を求めてやってくる。一万人になることもある。およそ三〇〇〜四〇〇人が仕事を得る。ほとんど全部が臨時職だ。

自分の住宅から追いだされる

一家の主たる働き手が失業してしまった場合、まず貯金が使われ、それもやがてなくなると、住宅が自分の所有であれば、融資返済ができないから抵当解除で追いだされる。親戚や知人の好意にすがって身を寄せることもできるが、失業の長期化でストレスもたまり、いづらくなる。

ひとり、またひとりと個人が、そしてやがては家族全体が家やコミュニティの絆《きずな》を捨てて新たな生活を求めて彷徨しはじめる。このようなホームレスの人びとの群がしだいにあちこちで目立ちはじめ、恐慌の比較的初期でも「国中に移動民の新たな群が動き回っている」ことが確認された。

こうした人びとの動態を把握する調査が一九三三年一月に行われたが、全米八〇九の都市で救済を受けている人びとの数は三七万四〇三人であった。調査の網にかからない、橋の下や壊れた建物、野外で夜を過ごしている人びとをカウントすれば、おそらく一二二万五〇〇〇人を下らないであろうといわれた。その約半数が短期滞在者である。

大恐慌下の移動民たちは、かつての浮浪民（hobo）とちがい、放浪自体が目的ではなく、新しい家を探し、あるいは仕事があって定着できそうなコミュニティに行き当たれば、そこで立派な市民になるはずの人びとだったといわれる。

フランクリン・ローズヴェルト（Franklin D. Roosevelt, 一八八二〜一九四五）が知事をしていた時期（一九二九〜三三年）のニューヨーク州では、三五〇〇もの工場が閉鎖され、工場労働者は一一〇万人から七三万人へと減少し、賃金支払総額も一六・五億ドルから七・五億ドルに減少した。スープ・キッチン、ミルク・ステーション、過剰に混雑した宿泊施設は当たり前のこととなった。救済や公共事業の拡大にもかかわらず、状況は悪化するばかりだった。

ローズヴェルトは社会的実験や変化、そして直接行動をいとわない政治家だったから、失業者数が州全体で一〇〇万人に達した一九三一年八月、州議会に臨時緊急救済局（TERA）の設立を要請した。彼は、そもそも政府というものは主人ではなく、民衆の創りだしたものだから、主人に仕えることによって責務を全《まっと》うするのだと説明した。来年度の予算は二〇〇〇万ドル、財源は個人所得税の五〇パーセント引き上げによって調達される。要請に応えて議会は九月に立法を行った。

世界最大のベッドルーム

ほかの都市、たとえばバファローでもホームレスで市の宿泊施設に登録した人びとの数は一九二九年の六万五四九三人から一九三三年には七五万人へと激増し、宿泊者数も四六万人となった。ニューヨーク市では、登録者数は一九二九年の一五万八〇〇〇人から一九三四年には二二三万人へと急増した。一日平均にすると、四三三人から六一一〇人への増加である。予算と施設の制約から、非居住者の宿泊は一月に一日と制限された。居住者の場合には登録した後、五日間の単位で延長することができた。最大の施設では一晩に一五〇〇人が泊まることができた。

ここへ泊めてもらう手続きは、誇りを捨てて、中央登録所に行こうと決意したときからはじまる。氏名、年齢、「昨晩どこで寝たか」を福祉事務員が記録する。各応募者は二年以上居住しているニューヨーカーかどうかを尋ねられる。答えがイエスなら、少なくとも二週間は泊まれる。そうでなければ、一晩だけだ。うそをつく人も多かったであろう。

そこから人は、困窮者のための生活様式をなす多くの行列の一つに入るように進む。午後五時の食事の行列は午後早くからつくられ、警察がきちんと監督している。夕食時間がくると、ガードマンが「牛を追い出すのとよく似たやり方で陰気な群衆を通路に沿って」誘導する。「OK」のサインと同時に飢えた人びとが最初の席を確保しようとする競争がはじまる。

レポートに記述された栄養たっぷりの健康食は、よく調べると、「色が赤っぽいか、褐色っぽい黄色の」野菜シチューである。ときには牛肉が入っていることがある、市長とか他の偉い人の訪問予定のときだけだが。シチューと、固パン三切れとブリキ缶一杯のうすいコーヒー。その間、腕を組んで次の順番を待つ人たちは食事をする人に急ぐよう無言の圧力をかけるから、食事が済んで離れる人たちからたっぷり食べられなかったとか、不満のつぶやきが聞こえる。

宿泊もする人は、次のステップがある。新来者は衣類を燻蒸《くんじょう》のために差しだし、預かり証の真鍮《しんちゅう》の札とともに、医者の検診を受け、こんどは「ごわごわした、燻蒸済みの、膝《ひざ》までであって前後に開くシャツ寝間着」を着せられ、ベッドに送られる。夜は何もすることがないし、禁煙なので、ふつう宿泊者は夜六時〜六時半にはベッドに就く。こうして新来者は世界最大のベッドルームでおよそ二〇〇〇人の他の人びとと寝る経験をするのだ。役人たちが見学すると効率と清潔さを賞賛するこの施設も、入所者には「天下に二つとない、ダンテのシーンのような」驚きの光景だ（Joan M. Crouse, *The Homeless Transient in the Great Depression : New York State, 1929-1941*〔State University of New York 1986〕, pp.72-73.）。

四万をこえる女性放浪者

これら救済に頼る人以外に、浮浪民と区別のつかなくなった人びとがいた。彼ら移動する人びとは、少なくとも働く意思はあり、できれば定着することを望んでもいた。しかしながら、移動が長期化してくると、その「ライフスタイル」自体がこれまでの無目的的な浮浪者たちと似てくるのだった。貨車での移動が典型的だったが、冬の寒さ、夏の暑さ、非衛生的なことなど、無料である以外不快さでいっぱいだった。州間通商委員会の一九三二年の報告書によれば、鉄道敷地内で一八八六人の侵入者が事故で死亡し、けがをした人も二七九一人を数えた。

都市によっては「定着」する人たちの「村」が作られた。あり合わせの材料で雨露をしのぐ家が集まったものである。ニューヨーク市にもブルックリンの一角に「フーヴァー・シティ」ができた。一九三三年の冬、六〇〇人程度の人が住んでおり、子どもも一人生まれた。警察が大目に見る限り、そこでの生活は自由で住民は友好的、そこから仕事探しに毎日通っていたという。こうした人びとも大半はアメリカン・ドリームを継承すべき中産階級や労働者階級の出身だった。ほんの昨日まで、彼には家と、家族と友人とコミュニティがあった。ほとんど自分の力のおよばない理由で彼の夢は壊され、彼自身がその不可欠の部分をなしていたアメリカから切り離されてしまったのである。

女性の放浪者もいた。一九三三年に約四万五〇〇〇人いたとの推計がある。これは、男性の場合とちがって、恐慌前には見られなかった光景である。女性の多くは当時の風俗にさからって、男のように見えるスラックスをはいたという。

ニューディールが開始されると、一九三三年五月に連邦緊急救済局（ＦＥＲＡ）が設立され、必要な人なら居住者であろうと短期滞在者であろうとホームレスだろうと、救済のための資金、サービス、物資など、いかなる形での援助でも州にたいして行うことができるようになった。これは就業促進局（ＷＰＡ）が設立される一九三五年までつづけられる。

空腹で気絶する市民

株暴落の直接的影響はロサンゼルスでは当初一〇万人の株主に限定されると予測されたが、一九二九年一二月半ばには早くもロサンゼルスの労働団体（ＡＦＬ）は失業者があらゆる分野に拡大しつつある兆候について注意をうながしている。

年が明けると不況の様相がさらに明瞭になった。建築発注額は前年の三分の一に減少し、公式に発表された失業者数は五万人をこえた。メキシコ人コミュニティでは七人に一人が失業していた。一九三一年一月に失業者は一〇万人をこえた。もっとも、一九三〇年のロサンゼルスの人口は一二三万八〇〇〇人なので、ほかの都市よりも相対的には良かったといえるかもしれない。

飢えの問題も深刻になってきた。市立図書館では空腹のために気絶する市民が目撃された。自宅所有者は融資返済がしだいに困難になり、自宅所有率が低下した。市議会ではさまざまな失業対策が検討されたが、市のかかわる事業に雇われるためには、アメリカ市民権の所有が前提となり、市居住者が優先された。ここでも、フーヴァー大統領の指導にしたがって、地域や都市の自発主義が原則とされた。

ロサンゼルスの救済事業の中心は一九二四年に設立されていた共同基金である。一九三一年には寄付によって三三四万ドルが集められた。しかし、失業対策に用いられた基金のシェアは五・七パーセントにすぎず、残りの九四・三パーセントは市財政からの支出だった。

この当時の市財政の主たる収入源は財産税だったが、恐慌下で財産評価額が低下し、それとともに市財政収入も減少した。この間に税率も下げられたので、一九二八〜二九年度から一九三三〜三四年度までに税収は四〇パーセントも落ちこんだ。だが、経費の節減、三分の一にのぼる人員の削減と巧みな財政運営によって、恐慌下でもロサンゼルスの財政収支はおおむねバランスがとれていた。

もっとも、ロサンゼルス市は外から流入してくる人びとにたいしてはそれほど寛容ではなかった。一九三一年二月、六〇二四人の州外追放処分の対象となった人びとがユニオン駅からサザン・パシフィック鉄道に乗せられた。一人あたり一四・七ドル、全体で七・七万ドルかかったが、彼らを被救済者としてあつかうのにくらべて、一年間で二七万ドルの節約になったのである。恐慌下の三年間にロサンゼルス・カウンティ(カウンティは、郡・州の下部の行政単位)はメキシコ系のヒスパニックを一万二六八八人メキシコへ送り返した。

3 コーンベルトの叛乱

退役軍人の叛乱

一九二四年、全米退役軍人協会のロビーイングのせいもあり、議会は大統領クーリッジの拒否権の発動にもかかわらず、ボーナス法を制定した。ボーナス法は、第一次大戦従軍の退役軍人にたいして国内従軍では一日につき一ドル、海外従軍では一・二五ドルの特別ボーナスをつけ、特別基金にそれを預託して、一九四五年に一人平均一〇〇〇ドル受け取れることにしたものである。

一九二九年にテキサス州下院議員パットマン(Wrihgt Patman, 一八六三〜一九七六)がこのボーナスの即時支給を立法化しようとしたが、ほとんど支持を得られなかった。だが、不況が深刻化するにつれて、このアイディアが熱を帯びて語られるようになった。パットマン議員は新しい法案を一九三一年一月の議会に上程した。一九三一年二月、両院を通過すべく妥協がはかられた議案に大統領が拒否権を発動した。翌一九三二年六月、下院の委員会はパットマンの最新の法案を却下した。

一九三二年三月、ポートランド市の缶詰工場を解雇された三四歳の退役軍人、ウォルター・ウォーターズ（Walter W. Waters）が、全米退役軍人協会で団結してボーナス支給を求めるべきだと演説した。五月に委員会が法案を却下すると、一一日にウォーターズらのグループはユニオン・パシフィック鉄道の軌道をブロックして、数両の貨車に乗りこんで東へ向かった。

彼らは軍隊に似せた組織と規律を守り、自らを「ボーナス遠征軍」（ＢＥＦ）と呼んだ。彼らが道中退役軍人を補給しながら首都ワシントンに着いたのは一八日後であった。その後各地からニュースを聞いて貨車、トラック、自動車、徒歩で集まった軍人たちは、ピーク時には優に二万人をこえ、彼らは使われていないいくつかの連邦の施設やアナコスティア川の河川敷にキャンプをはった。この平野のキャンプには女性や子ども一一〇〇人をふくむ一万五〇〇〇人が集結していた。決して公表しなかったが、フーヴァー大統領もテントや台所用具などを秘密裏に調達させていた。

下院は六月一五日に復活したパットマン法案を可決した。上院はしかし、軍人たちが外で見守るなか、六二対一八で法案を否決した。ウォーターズはなお、「一九四五年まで居続ける」と強気だったが、ワシントンの暑熱のなか、しだいにその数は減りはじめていた。

嫌悪に満ちたエピソード

七月二八日、フーヴァーの命令でまず建物からの追いだしがスムーズにはじまった。しかしながら、午後に入って警官と軍人のあいだで小競り合いがあちこちで起き、二人の軍人が射殺され、警官の負傷者もでた。やがて、マッカーサー（Douglas MacArthur, 一八八〇～一九六四）将軍を指揮官とする陸軍の出動命令が出され、残った建物からの追いだしのために催涙ガスが使われた。

フーヴァーの命令ではアナコスティア橋を軍が渡ってはならないとされていたが、マッカーサーは命令を無視し、河川敷のキャンプは放火され、バラックやテントは炎に包まれた。深夜になってようやく退役軍人たちは首都から一掃された。

追いだされた軍人とその家族は、夜通し、あるいはその翌日も歩いて、ペンシルヴェニア州の町ジョンズタウンのキャンプにたどりついた。市長は食料やテントを提供したが、一週間後フーヴァーからのアレンジで切符を提供した鉄道に乗って故郷にもどった。

当時、世論が必ずしも退役軍人側になかったことは、多くの歴史家が証言している。ある人が指摘したように、当時一年間だけでも退役軍人の扶助に一億ドル以上が支払われていたし、多くの人びとが仕事とお金を必要としていた時期に二四億ドルを彼らに支払う大義名分はなかったかもしれない。キャンプの焼き討ちにしても、多くのマスコミが一斉に非難の論陣を張ったわけではない。

だが、当時の人びとにとっては、現役の軍隊が、武器を持たないかつての戦争の功労者たちを武力で威圧して追い払ったという経過そのものがやりきれないものに映ったにちがいない。後にＣＢＳの主席ニュース・キャスターになったダン・ラザー(Dan Rather, 一九三一〜)は、「それはアメリカ史の中でもっとも嫌悪に満ちたエピソードの一つだった。父と叔父のジョンはそのことを話すたびに怒りで真っ赤になった」と子ども時代を回想している(Dan Rather with Peter Wyden, *I Remember*〔Little, Brown, 1991〕, p.184.)。フーヴァーはたしかに別のやり方でも対処できたかもしれないのである。

しめだされた黒人たち

アメリカ南部の農業生産に従事していた黒人たちが、本格的に北部都市に移動しはじめるのは第一次大戦前後からである。戦争によってヨーロッパからの移民が途絶え、企業は増大する労働力需要を黒人で満たすことを考えなくてはならなかったからである。

黒人男性の多くは底辺の単純肉体労働に従事した。恐慌前の黒人男性の週賃金の平均は一八ドルだった。既婚黒人女性の就業率は六〇パーセントで、白人女性の四倍以上だった。恐慌になると「最後に雇われ、最初に解雇される」黒人の失業率は五〇パーセントをこえ、賃金は半分以下に減少した。伝統的に黒人男女の仕事だった職種に、失業している白人が「侵入」してきた。家内サービス、ゴミ収集人、エレベーター・オペレーター、ウェイター、ベルボーイ、街頭掃除夫などに白人が優先して雇われるようになり、黒人は締めだされた。

南部では経済状態の悪化とともに黒人にたいするリンチの件数がふえる傾向にあった。黒人の都市における居住環境はこれまでにもまして悪化した。ニューヨークのハーレム地区では二五年間に人口が六倍、三五万人にふくれあがり、人口密度がこれまでになく高くなった。家族全体で一部屋という場合が珍しくなかったし、アパートの所有者は条件からすればきわめて割高な家賃を徴収した。廃棄されたビルや冷暖房や水道の使えないビルに多くの家族が住んでいた。恐慌下にもかかわらず、南部からは一九三〇年代に四〇万人が北部に向かった。

「シアーズ・ローバック・セール」

大恐慌下では非常に激しい物価の下落が起きたことが特徴だが、なかでも農産物価格の下落の幅がもっとも大きかった。とうもろこしなどは一九二九年当時を一〇〇とすると、一九三二年には二五くらいまで下がった。その他の農産物でも三〇パーセントまで下がったのがふつうだった。

当時の農業経営者は第一次大戦中と戦争直後の需要拡大と価格の上昇に応じて借金をして新たな農地を買い、機械などを購入して規模拡大をはかった人が多かった。そうした場合、農場の土地の一部や建物・機械が抵当に入っているから、借金を返すプロセスで農産物価格が暴落すると、収入が減り、利子や元金を返すのが困難になる。さらに、農地の地価も一九二九年のレベルから見て七〜八割に下落している場合が多かったので、農地の抵当価値は下がり、そうした面からも仮に返済困難から売却する場合でも投下資金の回収は困難だった。

しかも、もともと農業は自然条件に左右されやすく、アメリカ中西部の場合、一九三〇年に早《かん》ばつ、一九三一年には虫害があった。農地価格にかかる税金は、地価が下がれば下がるはずだが、じつはこの間地方の税収不足を補うため、単位価額あたり税額は二〜三割増加していた。

こうしたことの結果、一九三〇〜三三年に、農地の強制売却数が急増することになった。全国平均でも一〇〇〇の農場あたり一九二九年が二〇・八だったものが一九三二年には五四・一にふえ、中西部コーンベルトの中心の西北中部では、おなじ期間に二七・五から七二へと急増した。アイオワ州と南北ダコタ州では一九三二年には一〇〇農場あたり八〇〜一〇〇にまで増加した。これは一年間に一割の農場が競売を経験したことを意味する。この競売の原因の第一は抵当権の解除で、税金滞納によるものがその次だった。恐慌の数年間では四軒に一軒の割合で農場の所有者が替わった。

農民たちは、しだいに日常化する競売にたいして、抵抗の方法を編みだしていく。それは、「シアーズ・ローバック・セール」とか「捨て値の競《せ》り」（ペニー・オークション）とか呼ばれたもので、何月何日にスミス農場の全財産が競売にかけられる、ということが公示されると、農民団体や近隣にビラがまかれ、競りの当日は多くの農民が集まって異様な雰囲気になる。競りがはじまると、群衆のなかのだれかがたとえば一五セントくらいで競り落とそうとする。たまたまその雰囲気を読めなかった人がまじめな値段を付けようとすると、彼は別のだれかから肩をたたかれ、「それはちょっと高すぎるんじゃないの？」とすごまれる。

結局競りが終わってみるとスミス農場の全資産は数ドルをこえることはない。当然すべてのものはスミス氏に戻されることになる。ある推計によると、一九三三年一月と二月だけでアイオワ州で七六件の競売が阻止された。

とはいえ、圧倒的多数の競売が「法律にしたがって」処理されたはずだから、農地や住宅を失った農民が農村地帯で激増した。彼らは運良く身を寄せる家が近くにあれば、そこに住んでだれか別の農民の農地を小作することができた。この場合には農業に踏みとどまるわけだから、好天がもどれば、農地をふたたび購入して自作農になることもできよう。

しかしながら、小作農や農業日雇い労働者への転落、あるいは転落の可能性がしだいに現実のものとなってくると、かつて「アメリカの夢」を実現すべく努力してきた農民たちにとってはショックである。こうした状況が農民たちを急進化させた。

農民休日連盟

恐慌下の農民運動の地域的中心は中西部、なかでもアイオワ州である。一九三二年五月にデモインで「農民休日連盟」（FHA）が結成された。母体となった組織は全米農民組合（NFU）のアイオワ州支部である。この団体は結成されたのが二〇世紀に入ってからであり、ポピュリスト運動の帰趨《きすう》に学んで政治を極力排除して、協同組合活動をベースにして地道な活動をすることを目標にしてきた。

そのため、すぐれて政治的な課題に取り組まざるをえない休日運動の場合、既存の組織をそのまま使うのでは失敗したときの組織への打撃が大きい。そこで、別の組織をわざわざ創って運動を起こそうとしたのである。

名称の「休日」は、当時あまりにも一般化しつつあった銀行の休日（それは、混乱を避けるための一時的な操業停止の場合もあり、倒産の一歩手前である場合もあったが）にヒントを得たユーモラスな名称である。五月の結成大会では、「生産費」プラス正当な利潤であたえられる価格を実現させるために、出荷停止行動にうつると決議された。この「生産費」とは何か。

ローズヴェルトの「改宗」に失敗

この議論の立て役者は、全米農民組合の会長になったシンプソン（John A. Simpson, 一八七一〜一九三四）である。シンプソンはネブラスカ州に生まれ、若いころはポピュリスト運動に熱狂した。一九〇一年にオクラホマ州に移るとそこで農業と銀行業に従事しながら、草創期の州農民組合に入り、しだいに指導者としての頭角をあらわし、協同組合事業を核に州組織を育てあげていく。

一九二八年の大統領選挙で民主党のアル・スミス（Alfred E. Smith, 一八七三〜一九四四）を推したシンプソンは、フーヴァーの農業政策にことごとく反対し、一九三二年三月にはやがて民主党大統領候補となるローズヴェルトに近づく。シンプソンは「生産費」説と結びついた彼の「国内割当計画」（国内消費農産物に生産費を補償し、公共事業目的の無利子債券の連邦による発行、累進土地課税などをふくむ）にローズヴェルトを改宗させようとしたが、失敗した。

彼は少なくとも一九三二年の民主党綱領に「生産費」補償要求と見られる一項目を採用させることに成功した。注意してみれば綱領には「国の基本産業である農業の回復」、「余剰作物の効果的コントロール」とならんで「農民が彼らの基本的農産物にたいしてコストをこえる価格を受け取ることを助けるようなあらゆる合法的施策の制定」という箇所がある。

生活保障を前提にした価格設定を

シンプソンの「生産費」補償案とはいかなるものであろうか。やや先回りをして、ニューディール開始直後の新農業法の上院聴聞会におけるシンプソンの意見陳述のなかに探ってみよう。

シンプソンはまず農産物過剰生産という考え方に反対する。失業者が職を得て賃金を得るようになれば農産物消費は増加する。シンプソンは農民に高い補償を確保することによって、強制的減反では実現されない産出の削減が可能になると考えた。シンプソンの解決策である「生産費」補償価格の設定は、鉄道運賃や公益事業価格（電気、ガス代等）と同様のコスト補償価格を農産物に適用する発想から生まれた。

鉄道は州間通商法によって、生産費とひとしい運賃が設定されるよう政府が監督している。農民の場合も翌年の国内消費用農産物については生産費が補償されることがわかれば、経営に計画性をもてるようになる。補償価格は国内消費向け農産物に限定される。費用の変動により価格も上下する。

たとえば小麦農家の場合、まず小麦農家の平均規模を算出する。平均的小麦農家が二〇〇エーカー生産するものとし、その平均生産額が三〇〇〇ブッシェルとする。次に農家の平均的副業所得を調べる。それから一アメリカ市民の生活にもとづいて予算を組み立てる。子どもの平均人数、学業経費、家族医療費、レクリエーション費等。この予算額から副業収入額を引く。三〇〇〇ブッシェルの小麦はその予算額に等しいだけの価格で売る必要がある。つまりシンプソンは農民の生活保障を前提にした価格設定を考えた。

こうして算出された生産費補償価格は、小麦一ブッシェル一・五〇ドル、綿花一ベール二〇セント、とうもろこし一ブッシェル九〇セントなどであり、これは当時、農務省が産出した単位あたり生産費に比して二〇パーセントほど高い（ちなみに一九三二年の平均価格は小麦三八セント、綿花六・五セント、とうもろこし三二セントだった）。

国内価格を農民に高額補償しつつ、余剰部分の輸出価格を世界価格の実勢にまかせるから、マクナリー＝ハウゲン案のように国内固定価格と輸出変動価格の二重価格が生じ、たとえば同じ小麦を精製・製粉業者が農民から四分の三は国内価格で、四分の一は輸出価格で買い上げるというような不合理が生まれる。加工業者に免許状をあたえることをシンプソンは考えていたが、高価格が農民の生産意欲を刺激する点もふくめて実現性と効果の点で疑問の多いプランだった。

そこでシンプソンは需要面からこの隘路《あいろ》を打開しようとした。国内と海外の消費者に購買力をあたえる。そのためにはドルを切り下げて通貨量をふやす必要がある。どんなにすぐれた農業立法でも、現在のこのドルを安くしないと成功しないと彼は考えた。また銀を本位貨幣にすれば、国内消費者と海外市場の購買力をともに増大させることになろう、と彼は考えていた。

刑務所を農民が襲撃

アイオワからはじまり、近隣の州に広がった休日運動の組織は、八月のはじめからストライキにはいることを決めたが、じっさいにもっとも過激な行動をとったのは休日運動と直接関係のないスー・シティのミルク生産者の組合だった。

彼らは市の最大の酪農会社と価格引き上げ交渉を継続中であり、引き上げが会社によって無視されたために不満が高まり、八月一一日には市周辺の道路で道路封鎖を実行した。出荷のためにミルクを運んできたトラックは止められ、強行突破しようとしたトラックのミルクは溝《みぞ》にぶちまけられた。四日後にはカウンティの境界で数百人の農民（このころまでには休日連盟の農民が合流していた）が四〇台以上のトラックを止めた。出荷はミルク、家畜ともに激減した。

八月一七日には、出荷トラックに保安官補らが同乗し、農民とのあいだで小競り合いが起きた。翌日、サウス・ダコタ州側からのトラック輸送を確保しようとした保安官らが、数多くのピケ隊によって阻止された。

八月一九日には、ミルク生産者と会社側が価格引き上げで合意。八月二二日には農民が貨物列車を一時止めた。この後、ネブラスカ、サウス・ダコタなどでピケが同時発生したために、鉄道輸送量が激減した。

三日後、一〇〇〇人の農民がカウンシル・ブラフスの刑務所を急襲、ストの逮捕者四三人が釈放された。八月三一日、チェロキー・カウンティで一四人のピケ農民が銃撃された。

九月一日、休日連盟会長マイロ・リーノ（Milo Reno，一八六六〜一九三六）は、九月九日の中西部知事会議までの一時休戦を指示した。これまで農民は彼の指示にしたがって運動してきたわけではないが、この宣言で戦線は大幅に縮小した。

カリスマ的指導者マイロ・リーノ

農民休日連盟の会長となったマイロ・リーノは、もともとアイオワ州農民組合の会長だった。彼はポピュリスト型のカリスマ的な指導者だったと想像される。彼は、国民経済における農業の「公正な」位置、したがって農民の正当な権利と地位の回復が運動の目標だと考えた。

一九三二年一二月に彼は次のように書いている。

農民は動産と不動産の差し押さえによって、世界で彼らが有する最後のペニーを剝奪《はくだつ》され、家を追い立てられている。それを防ぐための戦闘的、かつ勇気ある行動がとられなければ、次の六ヵ月間に数十万人の農民が家やお金をもたずに放り出されてしまうであろう。休日連盟はそうすることが可能であるところでは、どこでもそうした差し押さえを防ごうとしている（中略）。

農民は合衆国で製造される物品のほぼ四〇パーセントを消費する。彼らは産業で生産される物の大きな市場なのだ。その市場が破壊されれば、工場には失業者が、工業中心地にはブレッド・ラインができる。過去一三年間の歴史はこの命題を完璧に証明している。金融貴族は連邦準備制度を通じて、アメリカ農民と労働者を困窮したヨーロッパ人と同様の状態におとしいれる政策によってその最初の攻撃を行った。

それゆえ連邦準備理事会（FRB）によって支配されている通貨管理権を政府が取り返し、民衆の利益になるように運用しなければならない。「通貨改革」あるいは、デフレーションによって苦しめられてきて購買力を失った農民にとっては「通貨インフレーション」が解決策となる。具体策としてリーノは通貨発行権をもった州立銀行網や、アーヴィング・フィッシャー（後述）らの提唱した「証紙紙幣案」（紙幣に期限つきの証紙を貼ることにより、紙幣使用を促進させる方策）を考える。

私はちょうどコミュニティやカウンティの地域的通貨に役立てるべき証紙紙幣案の発案者と長い会見をしたところだ。それが州にも拡大されるだろうことは疑いえない。現下の状況は、極悪非道の豚《ぶた》どもが国民の通貨を彼ら自身の利己的利益のために買い占めたことによって引き起こされた貨幣飢饉《ききん》の結果である。（中略）合衆国の民衆は人の楽しみと幸福に必要なもののすべてをもっているがしかし、彼らの生産物と効率的に交換する手段を欠いている。

農民による自主的債務調停の活動

アイオワ州を中心とした休日連盟の運動のなかで、研究史上見落とされがちだったのが「農地抵当権解除反対運動」だ。この運動は一九三二〜三三年の冬に頂点に達したが、その中心になったのが休日連盟の「防御評議会」である。この団体は既存の法律手続きによらずに債権者と債務者間の調停を行うための農民の自主的団体であり、たいていはカウンティごとにもうけられた。委員の数は通常五〜一一人で、債権者の同意を得て返済を二〜三年延期するなどの方法によって、数ヵ月間に数千件の調停を行った。

のちにニューディール下の一九三三年一〇月から、「農業融資局」（FCA）の指導のもとに、カウンティごとの五名のメンバーによる委員会を基礎とした「自発的農場負債調整」が広範な規模で実施された（全米三〇〇〇農業カウンティのうち、二七五二に委員会を任命、一年以内に負債総額二億ドルにおよぶ四万件の調停が行われた）のは明らかに前年の休日連盟の経験を継承したものである。

これについてリーノは一九三三年一月に次のように書いている。

農民休日連盟は、イリノイ、ウィスコンシン、ミネソタ、南北ダコタ、モンタナ、ネブラスカ、アイオワ、カンザス、オクラホマの諸州で機能しているすぐれた州組織を通じて、農民の財産権をまもるためにすばらしい仕事を遂行している。恒久的組織のあるカウンティごとに、五〜九人からなる防御評議会が最良の市民より選ばれている。この防御評議会は、債務者、債権者間において何が公平であり、公正であるかを決定するのだが、係争の五〇パーセントにおいて両者が満足するような円満な調整が達成された（以上の引用は、秋元英一『ニューディールとアメリカ資本主義』〔東京大学出版会、一九八九年〕九七〜一〇二ページ）。

こうして、シアーズ・ローバック・セールでは非合法と隣り合わせの状況にまで立ちいたった恐慌下の農民運動は、農民ストライキの後の冬には財産権紛争の処理という困難な仕事にも組織的に立ち向かった。そして、シンプソンもリーノも、債務者農民の根本的救済のために通貨供給をふやすインフレーション的方策を解決策として提唱した。

むろん、ニューディールが開始されてもすべての農民の抗議行動が終わりになったわけではない。一九三三年にはウィスコンシン州の酪農民がストをかまえ、一九三四年にはアーカンソー州で南部の小作労働者たちが解雇反対と減反給付金の正当な支給を求めて組織化に動きだす。

4　女性たちの苦難

行き場所がなくなった未婚の単身女性

記者たちは、恐慌初期にはブレッド・ラインに女性たちがめったに姿を見せないことに気がついた。その原因を調べていくうちにある女性記者は以下のような事情を発見した。

まず、新しいタイプの女性たちは公的慈善にすがることを男性よりもはるかに忌避した。そこで、失職した女性はなるべく長いこと貯金でしのいで、仕事を探すのに精をだし、食事は不十分でも衣類を買うためにお金を節約した。やがて彼女は友人にすがったが、長くいることは無理だった。ホワイトカラーの女性が救済の窓口にあらわれるのは、彼女がほんとうに飢餓状態になってからだった。

熟練技能をもった女性が恐慌下で一時的に過剰になっていた。ビジネス・カレッジはタイピスト、文書係、会計士をますます多く量産していた。ハウスメイドやコックのほうが、不熟練のブルーカラー労働者よりも失職しにくかった。多くの女性が驚くほどの低賃金でコックやメイドになった。住むところがあるし、食事にありつけたからだ。救済機関では、未婚の母や、目の不自由な女性や老齢者が優先されたから、行き場所がなくなった未婚の単身女性は、とうとう普通の人の目につく彷徨《ほうこう》者の群に入っていく（Meltzer, *op. cit.*, pp.24-25.）。

既婚女性の社会進出

女性の労働力参加は一九世紀末から二〇世紀初頭にかけてめざましく増加し、一九二〇年には労働力人口全体の二三・七パーセントを占めていた（表3）。この時の女性労働者数は八三四万人、その七七パーセントが単身者だった。一九二〇年代の経済成長は前述のように消費ブームを生みだし、質の高い生活にたいするあこがれと欲望が高まった。

ところが、一九二〇年代に行われた数々の調査は、期待生計費と実際の所得水準の乖離《かいり》を示した。リンド夫妻（Robert S. Lynd, 一八九二〜一九七〇、& Helen M. Lynd, 一八九六〜一九八二）が調査したインディアナ州マンシーにおける五人家族の最低必要所得は、一九二四年に一九二〇ドルと推計されたのに、労働者家族サンプルの四分の三がそれ以下だった。むろん、その背景には、新しい消費財の登場と急速な普及、そして未開拓市場の潜在的需要を刺激した広告宣伝活動があった。

年	女性の労働参加率				女性労働者数			
	総数	単身者	既婚者	離婚者、または未亡人（%）	総数	単身者	既婚者	離婚者、または未亡人（単位：千人）
1890	18.9	40.5	4.6	29.9	3712	2531	515	665
1900	20.6	43.5	5.6	32.5	4997	3307	769	920
1910	25.4	51.1	10.7	34.1	7640	4602	1891	1142
1920	23.7	46.4	9.0		8347	6427	1920	
1930	24.8	50.5	11.7	34.4	10632	5735	3071	1826
1940	25.8	45.5	15.6	30.2	13007	6377	4675	1955
1950	29.0	46.3	23.0	32.7	16553	5274	8635	2644
1960	34.5	42.9	31.7	36.1	22410	5282	13610	3518
1970	41.6	50.9	40.2	36.8	30756	6936	19178	4642

資料：*Historical Statistics of the U. S.*.（1975年）

表3　1890〜1970年の女性労働者の割合

こうして、家族の消費生活の向上のためにも、収入をふやすことを目的として、既婚女性の労働参加が進んだ。既婚女性の労働者数は一九二〇年から三〇年のあいだに一一五万人もふえて、三〇七万人に達した。逆に単身女性労働者数はこの期間に七〇万人減少して、五七三万人となった。

女性労働者数が増加したとはいっても、社会が女性の労働進出を一律に歓迎したわけではない。逆に、一九二〇年代から公的セクターでも、民間企業でもとくに既婚女性の労働参加にたいして、厳しい態度を示した。彼女らの労働参加は、子育てやハウスキーピングといった本来妻の責任領域と見られていた分野についての社会的責任を放棄するという理由で、また、男性たちと経済的に競争することになるという理由で、批判された。

既婚女性から解雇

恐慌になると、とくに政府部門では財政が赤字になったから、既婚女性の雇用はあからさまな批判にさらされた。一九三一年初頭にマサチューセッツ州とニューヨーク州とは、夫が政府に雇用されている場合には、既婚女性は解雇されるとする法案を上程した。ウィスコンシン州でも、州政府は不況下ではなるべく雇用機会を広く分配することを決議した。具体的には、夫婦ともに州政府で働いている場合に、どちらかを解雇するという手段がとられた。

フーヴァー政権下の一九三二年には節約法の第二一三条として、「既婚女性条項」が制定された。妻を家庭内にとどめることでアメリカの家庭を守ることの社会的必要を強調したこの条項は、政府機関で人員削減にさいして、配偶者が政府に雇われている既婚者がまず最初に解雇されると規定した。フーヴァーはこの法律の署名にさいして、「経済的にたいした効果もないような小さなことで政府被雇用者に不必要な困難を課すもの」だとして懸念を表明した。

この法律にもとづいて、八月には早速、連邦農業局が五〇人の既婚者（大半が女性）を無期限休職させた。軍務局の四五人すべての既婚女性が解雇された。一年後までに、一五〇五人の既婚女性が解雇され、さらに一八六人が配偶者の地位を保全するために自主的に辞職した。

多くの女性団体が陳情を繰り返したが、ローズヴェルト政府にかわってもしばらくはこの条項の見直しはなかった。一九三〇年代半ばごろからの世論調査でも、既婚女性の雇用に反対する人が圧倒的に多かった。全国女性党（ＮＷＰ）のアルマ・ルッツ（Alma Lutz）はアメリカのこの差別条項を、ファシスト諸国であるイタリアやドイツの「家庭に帰れ」運動と同種のものだと非難した。

この条項は一九三七年七月に廃止されたが、問題が解決されたわけではない。一九三九年初頭には、二六の州でさまざまな形での既婚者差別条項が提案された。配偶者が雇用されている場合には、自動的に解雇する州もあったし、配偶者の年収が一定限度をこえると解雇される場合もあった。もっとも、これらの提案は州議会を通過しなかった。

結婚率と出生率の激減

表3を見てわかるように、一九三〇年代に女性の労働参加率は全体ではわずかな伸

びにとどまったが、単身者の割合が減り、既婚者の割合がふえるという変化が起きた。実数では単身者が六四万人、既婚者が一六〇万人増加した。既婚者の全女性労働者に占めるシェアも、二八・九パーセントから三五・九パーセントにふえた。

主たる家計支持者の男性が失業してしまい、再就職の見込みがないか、あるいはパートタイマーの形で不安定就業を余儀なくされている場合、それまで家庭内にとどまっていたハウスワイフたちが職を求めはじめたのは不思議ではない。

だが、いまひとつの事情がある。それまで女性が圧倒的多数を占めた職種である家内サービス、初等中等教育、事務職や社会サービスなどは多くの場合、男性の失業とは無関係に「女性の仕事」にとどまっていたから、たとえ賃金が相対的に低くても、男性よりは有利だった点がある。逆に、女性労働者をしめだしていたような重工業セクターで不況はもっともきびしく、多くの男性が失業したし、彼らの失業期間は長かった。さらに多くの場合、企業が合理化、リストラにつとめたので、景気回復があっても以前ほど多くの労働者を必要としなくなった。

ところが女性が多く雇われた職種では、恐慌の打撃はさほどではなかった。とくに新設の政府機関の事務や社会サービス、教育などはニューディール政策の刺激で雇用をふやした。むろん、もっとも多い女性の仕事（五分の一）は相変わらず家内サービスだったし、賃金は低かった。

　不況が深刻化するにつれて、若い女性は、積極的な家族の支援が期待できない場合、教育、独立、結婚、子どもなど、昔からの夢を犠牲にしなければならなかった。図4が示すように、結婚率と出生率は大恐慌下で激減した。逆に離婚率は費用の関係で恐慌初期には減少したあと、急上昇した。結婚率はニューディール期に回復した

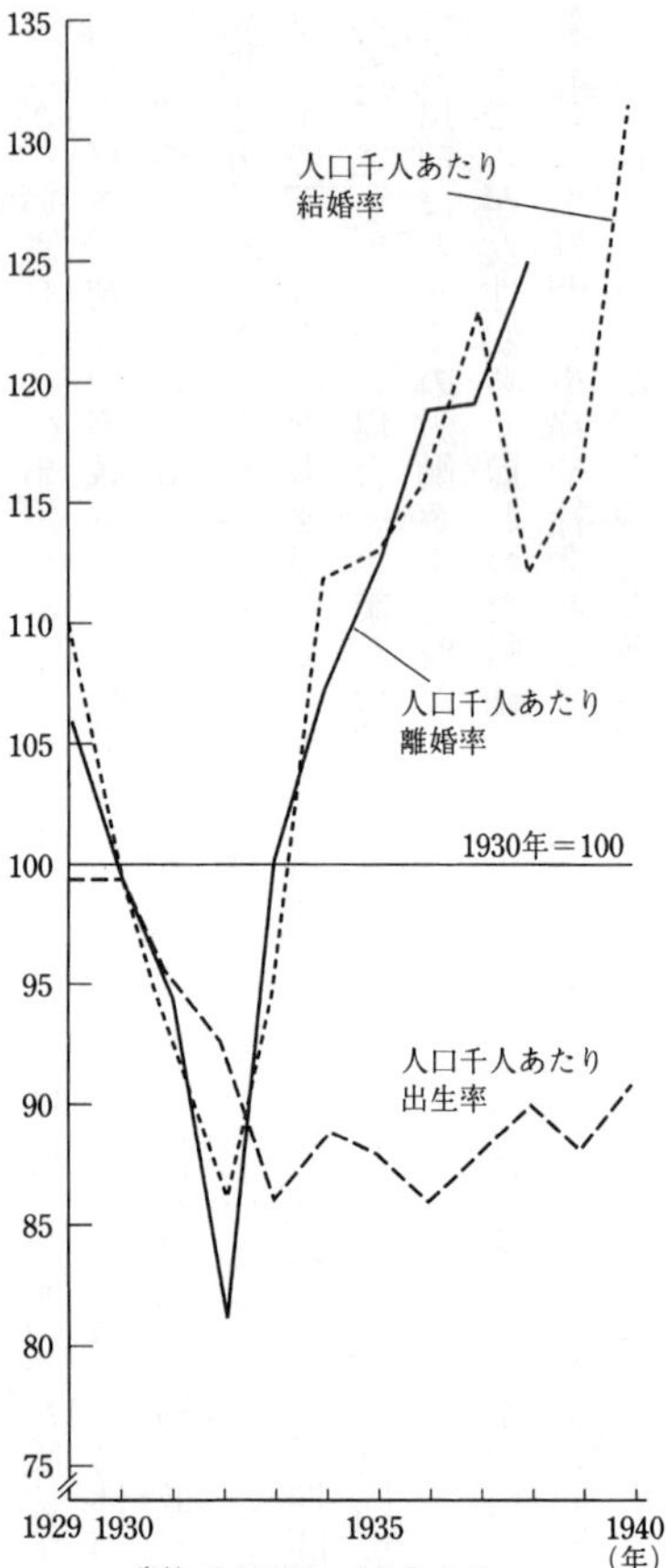

資料：G. M. Walton & H. Rockoff, *History of the American Economy.* (1990)

図４　結婚，離婚および出生率指数

が、出生率は一九三〇年代を通じて低いままだった。

家族所得における娘たちの収入の占める比率が増加した。一九三二年秋、インディアナ州サウスベンドのサンプル調査では、女性が家長である家庭の割合は、男性が家長の家庭の二倍だった。一九二九年には男性が賃金労働者である家庭の割合は八五・七パーセントだったが、一九三二年秋には六〇・七パーセントに減少した。資金の欠乏と夫の失業はしばしば離婚につながった。

生活の苦難が増すにつれて、家族の規模が拡大する現象が見られた。サウスベンドでは一九三〇年から三二年のあいだに、家庭の三分の一が規模を倍加している。結婚した娘が夫と子どもをかかえて両親の家にもどるというのが多かった。こうした生活空間の縮小は、家族内に緊張を強いた。

男性との競争

キャリアを積んだ女性は本来は専門職に就くはずだったが、教師、看護婦、図書館司書、社会事業など伝統的に女性の仕事と思われていた職業における女性のシェアは一九三〇年から四〇年のあいだに、一四・二パーセントから一二・三パーセントへとわずかながら減少した。

教師の場合、男性の割合は一九パーセントから二四・三パーセントに増加した。男性の司書も八・七パーセントから一五・一パーセントに増加した。しかも、一般的に男性は学校でも、図書館でも管理職に昇進する機会が多かった。

もともと女性が少なかった内科医や歯科医の場合、一九三〇年代に女性のシェアはさらに減少した。大学の教授職でも男性の昇進の早さや管理職のシェアによって、女性は苦戦を強いられた。学士や博士の称号にふさわしくない職に就くことも多かった。教師を解雇されたある女性は小売店で働こうとしたが、サラリーでなく歩合給だけだと聞いて、食事付き一日一ドルの家内サービスで週二日働くことにした。オフィスやデパートは学士号を持っていないと雇わないから、女性は高等教育をめざすべきだと勧める人もいた。

一九三〇年代にはオフィス機構の再編が進行した。個人秘書にかわって速記者のグループが最新の口述録音機を使って仕事をする光景が見られた。だが、まだ一九三〇年代ではオフィスの合理化によって仕事口を減らすところまではいかなかった。事務職は二五パーセントもふえた。ただ、それ以前にくらべて要求される熟練の度合いが少なくてすんだ。

例の二一三条項で解雇された既婚女性の多くがタイピストであり、速記者だった。

つまり、既婚女性が差別を受けやすいのは、肉体労働型の職業ではなく、オフィスワーク的な職種だった。

マイホームと子の教育のために

消費の拡大は不況下でも確実に進行していた。経済的必要という概念も消費慣習が変わるにつれて変わりつつあった。第一次大戦ごろの経験との比較の調査では三分の二の家庭で物価下落のために、食費支出が減少した。衣類の支出も減少し、住宅とその関連支出が増加した。光熱、冷蔵庫の支出が増加した。理容・美容、自動車関連などども増加した。

一九三〇年代半ばの調査では、救済対象者をのぞくアメリカ家族の中位所得は一〇七〇ドル、家族・単身者の三分の一は七八〇ドル未満だった。年収は賃金労働者の場合一一七五ドルで、事務職の場合一七一〇ドル、ビジネスマンの場合二四八五ドル、専門職の場合三五四〇ドルだった。年収二〇〇〇ドルをこえる家族は五分の一だった。ほぼ三分の一の家族が一人以上の稼ぎ手を擁していた。既婚女性の中位所得がおよそ一三〇〇ドル前後だと見られるが、それはすでに、ある生計費調査で二人世帯の必要額一二五〇ドルとほぼ同額であるし、夫の給料と合わせれば、五人家族の必要額一六〇〇〜二〇〇〇ドルを優にこえる。

彼女らが「生活向上のため」収入を求めたその大きな目的は、マイホームの獲得と子どもの教育にあったという。むろん、多くの都市生活者の住宅が抵当処分された不況下では、住宅の取得は遠い目標だったかもしれない。

が、「西部の小さな灰色の家」は依然としてアメリカの夢でありつづけたのである。不況下で物質的富が破壊され、それを取り戻すことがかなり時間を要することだと思われても、多くの女性は（あるいは男性も）、そこに目標を定めるしかなかった。こうして一九世紀末からつづいた消費社会への歩みは、不況によって加速されたともいえるのである。

本章で見てきたように、株価暴落の直後から企業は労働者を解雇しはじめ、大量失業は都市を中心に広がっていった。

早期の景気回復がふえつづける失業者を吸収する究極の手段だったはずだが、そうした期待は満たされず、安価な賃金の仕事も見つけるのがしだいに困難となり、次から次へと失業者の状態は悪化し、放浪者化する人がふえた。農村における債務者農民と債権者、労働市場における既婚者と未婚者、男性と女性のように、これまでなかった場面での利害対立が深刻化した。

恐慌が長期化、悪化した原因の一つがアメリカの銀行業の崩壊だった。次の章ではそのメカニズムを検討しよう。

第三章　市場崩壊のメカニズム

1　銀行倒産六〇〇〇行の衝撃

何の警告もなく

人口一万九〇〇〇人の中西部のある町では、一九三二〜三三年の冬、銀行破産の波がおそった。この町を訪れたある記者は、以下のように報告している。

銀行と銀行家が売った債券の崩落がこの町のデフレーションの直接的な原因となった。学校の教師、保険のセールスマン、ブルーカラー、歯科医、退職した農民たちは、生涯の貯金が消え去り、保障がなくなる体験をした。

……この町のファースト・ナショナル・バンクが破産第一号だ。事前警告は何もなかった。営業日の日中に検査官がドアを閉めた。この銀行は、合衆国財務省支店と見なされていて、州でももっとも古い銀行の一つだった。二〜三時間以内に誰もがこの破綻を知った。預金者たちは驚愕《きょうがく》して信じられない面《おも》もちで小グループごとに集まってドアに張り出された通告を読んでいる。

……おおっぴらに悲嘆にくれる人はあまりなかった。もっともショッキングな例は老齢のギアマン夫人だった。彼女は閉められた厚いガラスのドアを拳でたたき、大声で、あるいはしくしくと、人目をはばかることなく泣いた。彼女は貯蓄口座に彼女の夫の保険金から二〇〇〇ドルと、粗末な敷物作りで二五年間かかって貯めた九六三ドルを貯金していた。何も残らず、慈善に頼るほかなかった（Meltzer, *op. cit.*, p.47.）。

本章では、大恐慌下の銀行恐慌の様子と、金融ないし通貨の側面での恐慌対策がどう立案され、ニューディールの改革に結びついていくかを検討したい。

年平均六〇〇行以上が破産

破産銀行預金額の推移を見た図5によると、一九三〇年から三一年にかけて急増したあと、一九三二年には小康状態となり、一九三三年に爆発的に増加したことがわか

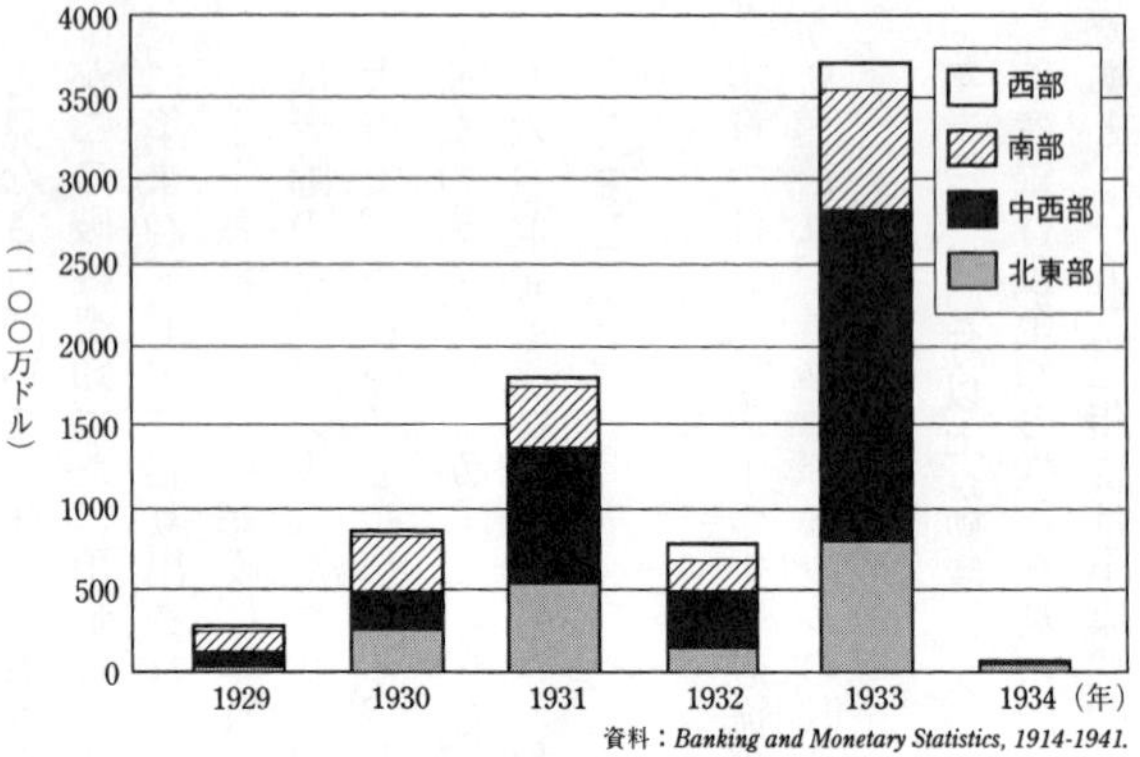

資料：*Banking and Monetary Statistics, 1914-1941.*

図５　地域別の破産銀行預金額（1929～34年）

る。地域的には全体を通じて中西部とそして南部が大きく、逆に金融の中心の北東部が小さかったことが、少なくとも一九三二年までは大恐慌期の銀行破産が比較的ローカルな影響をおよぼすにとどまった原因でもある。

アメリカではヨーロッパ諸国に比して、金融システムの歴史が浅く、他国の中央銀行制度に似た連邦準備制度が整備されるのは二〇世紀に入ってからであり、その新しいシステムも分権的で、個別の銀行にたいする監督や補助も他国に比して弱かった。

二〇世紀初頭の二〇年間は銀行設立ブームで、とくに地方では、銀行の過剰がささやかれるほどだった。さらに、一九二〇年代の好景気も農業地域を取り残す形で進んであり、農業の不振は多くの経営基盤の脆弱《ぜいじゃく》な地方銀行を閉鎖に追いこんだ。

一九二一～二九年に五七一二行、つまり年平均六〇〇行以上が破産していた。一九二〇年代の銀行破産は中西部と南東部の諸州に集中しておきた。ミネソタ、南北ダコタ、アイオワ、ネブラスカ、ミズーリ、カンザスなどがとくに多かった。破産した銀行は人口の少ない小さなコミュニティに立地していることが多く、連邦準備制度に加盟していない銀行が四分の三を占めていた。未加盟銀行は融資の拡大の程度、政府証券の保有状況、バランスシートなど、いずれの指標においても加盟銀行より劣っていた。

ただ、その数の多さにもかかわらず、一九二〇年代の銀行倒産は全国的な預金者の信認にマイナスの影響をあたえるとか、ニューヨークのマネーマーケットにショックをあたえるといった波及効果はなかった。

大恐慌期の銀行破産をエルマス・ウィッカー（Elmus Wicker）にしたがって四つの時期にわけて見ていくことにしよう（Elmus Wicker, *The Banking Panics of the Great Depression*〔Cambridge U P, 1996〕.）。

第一期（一九三〇年一一月〜三一年一月）、西部とニューヨーク

株価暴落から約一年を経過した後に発生する最初の銀行破産の波は、大恐慌の原因にかんするアメリカでの論争の格好の材料となってきた。

物価変動要因として通貨供給量を重視する理論を信奉する経済学者として著名なフリードマン（Milton Friedman, 一九一二〜二〇〇六）らは、そもそも一九二九年の恐慌開始を一九二八年の連邦準備理事会の引き締め政策にはじまる通常の景気循環の短期の下降局面だと考える。

アメリカ経済はこれにより通貨量収縮と、株価暴落の二つのショックを受けた。さらに一九三〇年秋に農村地帯から波及してきた銀行破産の波と、合衆国銀行（Bank of United States）の破産（これはおそらく一九二〇年代の投資と融資の不適格性の結果である）により、銀行制度にたいする預金者の信認が減退し、普通の人びとの預金引き出しが発生した。

フリードマンらの立論の特徴は、歴史における別の選択肢の存在に注目した点である。まだこの時期には恐慌は累積的悪循環局面に入っていなかったので、もしもこの時期に連銀が相当規模の買いオペを断行して通貨量をふやしていれば、その後の恐慌は激しさを減じていたであろう、というのである。

株価暴落に端を発した結果

これにたいして、ケインジアンの立場からテミン（Peter Temin, 一九三七〜）は、銀行破産自体を株価暴落に端を発する自律的支出減退の一つの結果と考える。支出の主な中身は個人消費と建築を主とする投資の減退であり、それが乗数的過程を通じて実質所得と価格の下落を引き起こしたと考える。

テミンは需要の減退が貨幣にたいする需要の減少を生み、利子率の下落というチャンネルを通して貨幣供給量の減少を引き起こすと説明する。

テミンは需要の激減の原因として、株価暴落による富へのマイナス効果や、農家所得の減少、輸出の減少、そして投資、なかんずく建築投資の激減などに着目している。現実には人びとはまず、証券購入や商品購入のための借入をやめ、住宅取得のための借入をやめた。つまり諸個人は、価格、所得、そして期待の変化（下落）に対応して、彼らの資産にたいするリスクの増大に応じて借入を減らし、長短期金融資産の取得率を減らした。

また、非金融企業も一九二〇年代に取得した政府証券を売り、銀行からの借入を減らし、株式や社債の発行の割合を減らした。これまでの考察から、株価暴落の直後から企業は従業員を解雇しはじめていることから、一年後の銀行破産の波を待たずに投資や消費の支出が減退しはじめたことはまちがいない。

預金よりも現金

一九三〇年一一月の銀行破産が集中した地域は、連邦準備地区でいえばセントルイス地区である。そこにこの時期の破産の約六〇パーセントの銀行数と預金額が集中している。それ以外では、リッチモンド、アトランタ地区で預金額の約三分の一を占めている。ナッシュヴィルの南部最大の投資銀行、コールドウェル商会が破産したのもこの時期だが、それはこの三つの地区の銀行破産の約半数に直接間接に影響をあたえたとみられる。

一二月には地域は移動した。破産銀行預金額の六〇パーセントを、こんどはニューヨークとフィラデルフィアの二つの地区で占めた。だが、これはニューヨーク市の合衆国銀行とフィラデルフィアのバンカーズ・トラストの預金規模が並外れて大きかったためである。

破産銀行数では、相変わらず一一月の時と同じ地区に集中している。ニューヨークというマネーマーケットの中心で起きたにもかかわらず、合衆国銀行の破産がこの地区や全米金融市場にたいしてあたえたショックは後の時期と比べると大きくなかった。

一九三〇年のこの時期全体についていえば、破産銀行数の多かった地区の銀行からの預金額の減少は、一九二九年の株価暴落以降の同じ時期のほうが大きかった。とはいえ、これらの地区の預金者の信認は確実に低下した。人びとは小切手などの預金通貨よりも現金を選好したことが、これらの地区の通貨退蔵額の増加となってあらわれた。ニューヨーク連邦準備銀行は、とくに合衆国銀行破産後、通貨供給をふやす方策に終始した。それによって、この事件がニューヨーク・マネーマーケット全体のパニックを引き起こすのを防いだ。

第二期（一九三一年四〜八月）、シカゴと西部

この時期の中心はシカゴ地区である。破産銀行の四分の三は、シカゴ、ミネアポリス、クリーブランド、カンザスシティにあった。シカゴでは全体の三分の一以上にあたる二〇〇の銀行が閉鎖された。

シカゴは一九二〇年代の不動産ブームに乗って急成長し、郊外の人口は一九一七年からの一〇年間で一一〇万人もふえた。それとともにシカゴ周辺の銀行も増加し、不動産抵当融資に活路を見出していた。銀行の多数倒産にともない、預金者の信認が脅かされ、シカゴ地区ではとくに、退蔵と郵便貯金の増加が観察された。しかし、ニューヨーク・マネーマーケットにショックをあたえるにはいたらなかった。

第三期(一九三一年九～一〇月)、中西部と東部

この時期の特徴は、イギリスが金本位制を離脱して、ポンドが金に兌換《だかん》できなくなったことにより、深刻なショックが広がり、その結果、銀行破産に何らかの影響をあたえたと見られることである。

中心地域は第二期と同じだが、シカゴのシェアが減って、クリーブランドとフィラデルフィアのシェアがふえた。クリーブランド地区では二四の銀行が破産し、預金額では一・七八億ドルに達した。フィラデルフィア地区では、九月が一二行、一〇月が四七行、九六〇〇万ドルと急増した。ニューヨーク市でもこの時期にそれぞれ七行から一一行、預金額三二〇〇万ドルが記録された。明らかに前の時期よりもパニックが全国的な広がりを帯びてきた。個人の預金額が縮小し、通貨退蔵が増加した。

金流出の加速

だが、仔細《しさい》に観察すると、イギリスが金本位制を離脱(九月二一日)してから、金の流出に対処するために連邦準備理事会が利子率を引き上げる（一〇月九日）のだが、それぞれの地区では、この間に相当の破産がすでに起きてしまった。

九月二二日だけで、アメリカからの金流出は、一・一六億ドルに達した。一〇月二八日までには七・二七億ドルになった。多くのドル為替保有者がドルを金に換えたためである。ベルギー、オランダ、スイス、フランスなどの中央銀行がドル為替を金に換えた。フランス銀行にいたっては、一九三一年から一年間でドル為替を六億ドルから一億ドルに減らした。

これらの動きを加速したのは、将来的な損失の恐れである。ニューヨークの大銀行でさえ不健全な経営を強いられているといううわさや、連邦予算赤字の継続、連邦準備理事会内で「インフレ」的な政策についての合意が強まっているとか、議会でのインフレ政策論議とか、政府がドルの金価値を維持する強い決意に欠けるとか、こうした憶測が飛びかってドル離れを加速した。

金や外国資金の流出はアメリカ経済にデフレ圧力を加えたが、イギリス（ポンドは年末にかけて約三〇パーセント下落）にならって多くの国が自国通貨を切り下げたので、切り下げ国の輸出物価は下がり、金本位制国からの輸入物価が上がった。切り下げ国にとっては貿易収支改善の好機となったが、アメリカの輸出は目立って落ちこみ、経済にデフレ効果をあたえた。イギリスの離脱の直後からアメリカの銀行が多く破産しはじめたのは、そうした先行きについて多くの預金者が悲観的になったことと無関係ではないだろう。

その後に連邦準備理事会が公定歩合を引き上げたことにより、じわじわと薬が効いてその後の破産をふやしたかもしれないが、利上げによってこの時期の破産をすべて説明できるわけではない。

ともあれ、農村地域からはじまった破産の波がしだいに金融や工業の中心地域に移っていくという大恐慌のプロセスのなかで、この時期はこれまでほど地方中心ではなく、中間的な性格をもっていた。そして、世界恐慌の広がりが預金者や投資家の信頼を脅《おびや》かした点でも、この時期は分岐点ととらえられる。

第四期（一九三三年二～三月）、全国的銀行恐慌へ

「それ以前にも銀行休日騒ぎはあった、一九三二年一〇月のネヴァダ州、一九三三年二月はじめのルイジアナ州。しかし、大多数のアメリカ人にかんする限り、銀行恐慌は二月中旬、ミシガン州ではじまった」(Arthur M. Schlesinger, *The Age of Roosevelt* Vol. I〔1957〕, p.475；救仁郷繁訳『ローズヴェルトの時代』第一巻〔論争社、一九六二年」三七七ページ)。

一九三二年全体でも一四五三銀行が破産した。しかし、前年の二二九三にくらべると減少傾向にあるとも見えた。新設の再建金融公社(RFC)が七月までに三六〇〇の銀行に六・四億ドルを融資していたことも一定の効果を生んだかもしれない。預金者の信認が目立って弱まったり、退蔵が急激に増加したということもなかった。それでもその後、破産の波はアイダホ、ネバダへと飛び火して、一二月にはネバダ州は銀行支払猶予令を出した最初の州となった。

ところが、一九三三年一~三月に銀行破産は一気に深刻化して全国的注目を集めた。一月に議会が前年のRFC融資先リストを公表させたことで、銀行家にたいする不信が強まり、預金者の信認が低下した。

二月一四日にミシガン州が銀行休日宣言を出した。この州ではユニオン・ガーディアン・トラストが破産に瀕していたのだが、フォードとRFCとが互いに相手に期待して最終的な支援をしなかったために、残された手段は銀行休日しかなかった。

指導力の欠如

当初八日間の休日宣言は、再開の条件について何らの合意にも達しなかったために、恐怖と不安とを周辺のオハイオ、インディアナ、イリノイの各州に伝播《でんぱ》させ、それらの州は預金引出制限を実施した。ミシガン州の休日は五〇〇の銀行、九〇万人の預金者、そして一五億ドルの預金に影響した。この後ほぼ全国的に預金の引き出しと現金通貨の流通額が激増し、銀行の信頼は地に落ちてしまった。

何の手だても取られないままに、事態は経過していき、二月二一日にはニューヨーク州とニュージャージー州とが個別の銀行に預金引出限度額を決めることを許可する法律を通過させた。二日後にはインディアナ州で似たような法律が通過した。

その後、銀行モラトリアムや預金引出制限にかんする法律が、ミズーリ、オハイオ、ペンシルヴェニア、ウェスト・ヴァージニア、などで通過した。そして二月二五日にメリーランド州が、また三月一日にはカリフォルニア州が銀行休日を宣言した。こうして、ローズヴェルトが就任する三月四日には四八州で銀行が閉鎖されるか、預金引き出しを制限されるかしていた。

ローズヴェルトが就任するまでフーヴァー政権がリーダーシップを発揮できなかったのは、RFCも、連邦準備理事会も、あるいは大統領もそのための権威や指導力を一時的に喪失していたためとしか、考えようがない。

ニューヨーク連銀から金が流出

三月六日のローズヴェルト大統領による全国的銀行休日宣言は、各州知事や州議会によってバラバラにとられていた行動の追認にほかならなかった。

この間、連邦準備銀行全体の金準備も二月一日の三二億五〇〇〇万ドルから三月八日の二六億八〇〇〇万ドルまで五億七〇〇〇万ドルの減少を見ていた。なかでもニューヨーク連銀の金準備は六〇パーセント減少しており、外国為替預金の金兌換が危うくなっていた。

この時期の銀行恐慌はニューヨークのマネーセンターを源にしていたわけではなかったために、連邦準備理事会が買いオペレーションなどの積極的方策を採ったのは、金準備危機に対処するためであって、その前の地方の連邦準備未加盟銀行やミシガン州の銀行危機にたいしてはなんら有効な施策を採る用意がなかったのである。

来たるべきローズヴェルト政権の閣僚予定者や政府高官たちの「金本位制」離脱を示唆する発言によるアメリカからの金流出が事態を悪化させた。金ストックは二月の半ばごろまではゆっくりとした減少を記録したのみだったが、二月の最後の週にチェース・ナショナル銀行の新頭取ウィンスロップ・アルドリッチ（Winthrop W. Aldrich, 一八八五〜一九七四）が上院金融小委員会で新政権の予想される金本位制離脱政策に反論したことから、議論は突然公然化する。新聞がこれらのニュースを大々的に報道したことから、世界は迅速《じんそく》にアメリカ政府の意図を知ることとなった。外国の預金者たちはドル預金を清算しようと殺到した。彼らか、あるいは新預金を受けとった中央銀行が、連邦準備銀行で彼ら向けに「イヤマーク（予約）された」金にすばやく転換した。金ストックは二月一五日には四二億二四〇〇万ドルだったが、三月一日までに一億六八〇〇万ドル減少し、三月三日までにさらに一億ドル減少した。

とりわけ劇的な金喪失に見舞われたのが、ニューヨーク連銀であった。三月三日までに同行の金準備は三億八一〇〇万ドルにまで減っていたが、おなじ時期にニューヨーク市の銀行の外国預金だけで六億ドルをこえていた。このニューヨーク連銀における金の枯渇こそがニューヨーク州における銀行休日をもたらした真因だと指摘する学者もいる。金本位制の当時においては内外を問わず、急激かつ大量のドル売り＝金買いは、金の支払いを停止する以外に防止することはできなかった。三月三日には、ドルの外国為替市場は完全に崩壊した。

2　リフレーション論の系譜

四つの経済再建策

大恐慌下で経済の建て直しをめざす政策について、およそ四つの提言がなされた。第一は、株崩落直前の夏一九二九年八月にカリフォルニア州パロアルトの山小屋でひっそりと息を引き取ったソースティン・ヴェブレン（Thorstein B. Veblen, 一八五七〜一九二九）の流れをくむ制度学派、ないしは計画経済論の立場からなされた議論である。

コロンビア大学教授で後にローズヴェルト政府のブレイントラストの中心となるレクスフォード・タグウェル（Rexford G. Tugwell, 一八九一〜一九七九）やジョージ・スール（George Soule）、あるいはスチュアート・チェース（Stuart Chase）がその代表である。彼らは価格や資本配分、国家機関設立などをふくむ計画経済を唱えた。

第二は、ケインズ型の経済政策を主張したグループである。すでに一九二〇年代にフォスター（William T. Foster）とキャッチングス（Waddill Catchings）は共著のなかで消費の飽和を論じ、また、過少消費論的な見解を披露《ひろう》した。資本主義においては貯蓄や生産が消費にくらべて過大になる傾向があり、消費の不足を補うには政府財政の干渉を必要とする、というのである。

シカゴ学派のジェイコブ・ヴァイナー（Jacob Viner, 一八九二〜一九七〇）は、フーヴァー政府による「意図せざる赤字財政」を評価し、不況下の政策としては、財政による刺激が正しいと主張した。

第三は、連銀関係者やフーヴァー政権の閣僚に多かった、財政の均衡や通貨レートの維持、など伝統的な政策によって人びとの信頼を取り戻すことが景気回復の早道であるという議論である。

そして第四が、ここで問題とする通貨拡大論の系譜である。ケインズ型政策を主張する人びとのなかには、通貨増発や金融の緩和をふくめて論ずる場合もあったが、公共事業やその他の財政出動の前提としてまず物価引き上げ政策を行うべきだ、というのが通貨拡大論者の言い分である。その代表は、ニューヨーク市場の株価暴落を見抜けず、自らも大損をしたことでも有名になったイェール大学のアーヴィング・フィッシャー（Irving Fisher, 一八六七〜一九四七）である。彼は貨幣数量説で学界ではすでに高名であった。

ドル購買力の安定を——フィッシャーの恐慌認識

フィッシャーは一九三二年三～四月のゴールズボロ物価安定法案聴聞会のさいにかなり長時間の証言を行っている。ゴールズボロ法案とは、連邦準備法を修正して「現在の下落した卸売物価水準を可能な限りすみやかに下落以前の水準に引き上げること、およびその後、その水準を維持するために可能なあらゆる手段をとる権限を連邦準備理事会と連邦準備銀行にあたえる」ことを目的としており、その手段は連銀当局による公開市場操作、および金の公定価格の変更にあった。具体的目標は、当時指数で六六まで下がった卸売物価指数の基準年次（一九二六年＝一〇〇）までの回復である。

この法案支持者たちの連銀の政策にたいする不満は、当局が金準備や国際収支の状況が許容する大規模な買いオペを行わなかったことにあった。またフーヴァー政権も下落する一方の物価水準を食い止め、あるいは反転上昇させることに失敗したと批判していた。一九三二年二月に、連銀券発行の保証部分に政府証券も加えることができるグラス＝スティーガル法が成立すると、議会の圧力に押される形で、四月から連銀はかなりの規模の買いオペレーションに乗りだしたが、八月以降は中止された。

フィッシャーの考えでは、金本位制のもとでも対外為替レートの安定よりも、国内物価安定という政策課題のほうを優先すべきであった。為替レートの変動はやむなしとの立場だった。彼によれば、今日、二大推進母体である農民と労働者のみならず、「ほとんどすべての経済学者」もドルの安定に賛成である。

フィッシャーは、彼のいう「貨幣錯覚」について説明する。一八三七年以来一オンス二〇・六七ドルという金の均一価格があるために、ドルが安定的だと考えるのは、「平均的人間の間違った常識」である。唯一の真の安定とは「購買力の安定」であり、金という一商品だけでなく商品全体の購買力を安定させることである。

そのためにもっとも必要なのは安定した物価水準である。インフレーションもデフレーションも、社会的不公正、社会的不満、社会的不能率の三点から見て有害であり、今日のデフレも放置すれば物価下落はさらに進むとフィッシャーはみる。それが治癒されないとアメリカの個人主義的・資本主義的体制は危機に瀕するであろうと考えたのだった。

過剰債務がもたらす九つのステップ

フィッシャーによれば現不況の最大の問題は「過剰債務状態」にある。その債務額は、国際間、政府間、政府債務をのぞいた、農家債務、対銀行債務、割賦残高などの、いわゆる人から人への債務だけで一九二九年に約二〇〇〇億ドルに達した。

この過剰債務がもたらす経済的結果は九つのステップとして把握される。貨幣にたいする超過需要は、商品の超過供給をみちびくから、物価は下落する。第一のステップが債務の清算。通常、人は高物価にひきつけられるのだが、逆に物価の下落が人びとに売却をうながし、物価下落を加速させる。

債権者の圧力によって、あるいは自己の恐怖心から彼らは売却する。高価格によってでなく低価格に誘われた窮迫《きゅうはく》売却である。それは事態を悪化させる。なぜなら債務者が売れば売るほど価格はますます下落し、価格下落につれて売りへの圧力が増大するからである。すべて過剰債務状態のためである。

第二のステップとして銀行では多くの人びとが同時に債務から逃れようとするから、預金通貨の一掃が預金の再創出よりも速く進む。「新たな債務が商業銀行で創出されるよりも速く、商業銀行にたいして人びとがその債務を支払うときにはつねに通貨の収縮が起きる」。通常なら、他の人びとが債務者になることによって、この「収縮」が相殺《そうさい》されるのだが、債務に動機づけられた貨幣にたいする超過需要は売却、通貨収縮、そして一般物価水準の下落という第三のステップをみちびくのである。この一般物価水準の下落は純価値（資産と負債の差額）の減額とそれによる破産の増加という第四のステップに帰結する。

第五は、利潤（収入と費用の差額）の減少である。費用は下方硬直的で収入減に応じて減少しないためである。利潤の減少にともなって生産が縮小する。第六は、工場閉鎖であり、閉鎖にともなう失業の増加である。第七は、悲観論と苦悩など心理的影響の顕在化である。第八は、貨幣退蔵増加である。退蔵時間が通常よりも長くなるから通貨の流通速度が小さくなる。退蔵は第二の通貨収縮をもたらす。

第九は利子率の変動である。「不況期の利子率は名目的には低いが、しかしそれはまた貨幣錯覚にもとづくトリックの一つだ。多くの人びとは、物価下落が利子負担を増加させることによって、利子率が実質的に高くなっているときに低いと感じる。——不況期間中は、実質利子率が時には五〇パーセントをこえているが、人びとはそのことを知らない」。この議論は「負債デフレーションの理論」としても知られている。

「不況のミステリー」

ところで実質価格でみると、「負債を支払おうという努力そのものが現実には負債を拡大するとすらいえる。なぜならそれはドルの価値を大きくするから」。「一九二九年以降清算はなかったのだ。私たちは以前よりも現在のほうが債務をより多く負っている。これが不況のミステリーである」。負債の清算が実質負債額をふやすというこの悪循環を断ち切るためには、下がりつづける物価に歯止めをかけ、物価を少なくとも一九二六年水準まで戻すための方策が必要であるが、この解決策はリフレーションとよばれる。

リフレーションとは「正当なインフレーション、先行するデフレーションによって正当化されるインフレーション」のことである。この目的にとって金本位制を維持するか、管理通貨を選択するかは二義的である。ドルの金価値を現行のままとする金本位制であれば賛成できないし、逆に金本位制は不当なインフレーションを防いで安定を保つことに価値がある。「私は金本位制を維持し、現実の形で利用することに賛成である。今日における唯一の利用価値は国際間決済にある」。

フィッシャーは不換紙幣制は印刷所と化した政府を信用できないという意味で「政治的」に不健全だとして反対する。むしろ「金を碇《いかり》につないだほうが全然碇をもたないよりはましだろう」。「しかし理論的には管理通貨を採用することは十分に可能である。ケインズは管理通貨の採用を示唆したし、スウェーデンの中央銀行は明らかにそれを採用しようとしている」。

このようにフィッシャーは、この恐慌下で経済活動がらせん的に収縮してきた過程を貨幣・信用一元論的に説明したうえで、とくに貨幣にたいする超過需要＝「過剰債務」的構造が悪循環を生む可能性を重視する。それゆえ解決策は債務・利子負担を軽減しつつ景気回復をはかるものとして、ドル切り下げと物価引き上げが重視される。

実質債務の増大

フィッシャー以外では、当時比較的保守的だとされた農民団体ファーム・ビューローの代表が、「金の価値が本当の価値に一致すべきこと」、つまり、一ドルは今日の金二二・二三グレインでなく、一五・五グレインとなるべきだと述べた。農民団体の指導者などに広く読まれていたのは、ウォレン（George F. Warren, 一八七四～一九三八）とピアソン（Frank A. Pearson）による共著『価格』（一九三三年発行）であり、一年後にローズヴェルト政府が金買い上げ政策をとるときの根拠にされた書物でもある。

彼らはそこで金と銀の本位貨幣化による「複本位制」の採用、あるいは、貨幣単位となる金属の重量を減らすこと、最終的目標としての「不変の購買力をもつドル」の実現を語っている。また、彼らはゴールズボロ法案の趣旨にむろん賛成だが、管理通貨制をねらうこの法案は実質上ケインズ提案だと述べている。

彼らの主張はこうも表現されている。人は名目賃金と実質賃金の区別はするが、「名目債務」と「実質債務」も区別すべきだ。一九二一〜二九年に契約によって負った一〇〇〇ドルの債務は、一九三二年に支払われると、借りた人や貸した人が考えたよりも三〇パーセントも大きな購買力による移転を必要としているのだ、と。

ポピュリズムの伝統

このゴールズボロ法案の聴聞会で出されたさまざまな見解によって、当時の経済の隘路《あいろ》の所在を知ることができる。まず第一に、ウォレンやピアソン、そしてフィッシャーらの「当時の」貨幣数量説的立場がとくに農民団体を中心にかなり広く受け入れられていたとみられること。むろんこの議論は恐慌深化の根本的原因として貨幣供給量の縮小を論ずるフリードマンらの現代のマネタリストの立場とは異なる。むしろ、金とドルの価値関係を正常に戻すこと（具体的にはドルの切り下げや、金・ドルの関係をたえず正常に保つような「管理通貨」のシステム）の政策提言の前提をつくる方向での立論だった。

　また第二に、フィッシャーの「過剰債務状態」という言葉が示すように、国民各層とくに農民や都市の債務者にとって債務負担の軽減が緊急課題であり、そのための物価引き上げが熾烈《しれつ》な政策要求となったことである。

　再建金融公社（ＲＦＣ）や全国融資公社（ＮＣＣ）などのフーヴァー政府による金融機関救済策は、企業や農民の資金需要に結局は応えることができなかったという意味では、失敗に終わった。そこに銀行家や企業家たちの経済の現状にかんする「信頼」欠如という隘路を認めた点ではフィッシャーも、あるいはフーヴァー政権寄りの連銀関係者もおなじであったが、前者が予算の均衡などのやや消極的な「信頼」回復策を示唆したのにたいして、後者の立場の学者・農民団体の人びとは、「銀行家のための銀行」である連邦準備制度を「民衆のための銀行」に変えることなどの改革をふくめて、人為的手段をとっても物価を上げることこそが信頼の回復につながると考えた。

　彼ら農民たちはポピュリズムの伝統のうえに立ち、今度こそは「銀の自由鋳造」や「金銀複本位制」よりもむしろ、「管理通貨制」を呼びこむことに利害の一致をみたのだともいえよう。

第三に、フーヴァー政権や連銀当局者のこの時期の見解は、対外配慮を優先させる形の――つまり、世界経済のこの局面では金本位制保持（ドルの金価値の維持）から国内デフレーションに連なる――消極的政策につながるものでしかなかった。

とくにインフレーション政策や赤字財政は、たちどころに投資家たちのドルにたいする信頼を失わせる危険があると彼らは考えたから、その政策方向はフィッシャーや農民層とは正反対だった。

また物価下落の責《せめ》をもっぱら連銀当局の政策に帰するような議論は、彼らにとっては非論理的であった。

こうして好むと好まざるとにかかわらず新政権は、恐慌下の農民らの債務地獄的状況を改善するには、何らかの形で物価を引き上げる方向で対応せざるをえない、ということを議会内外の論議や選挙戦の過程で認識したと思われる。

一〇〇パーセント準備案の今日性

銀行休日の前後、シカゴ大学の経済学者たちのうちで、のちに「シカゴ学派」として知られるようになるフランク・ナイト（Frank Knight）、ヘンリー・サイモンズ

(Henry Simons)、ヘンリー・シュルツ (Henry Schultz) らは連名で、ローズヴェルト宛の手紙でかなりラディカルな銀行制度改革案を提示した。

改革案は連邦準備銀行の事実上の所有と経営の政府への移管にはじまり、銀行経営にたいする連邦準備理事会の監督権、そしてすべての既加盟銀行の資産・負債の清算をもとめた。そして、組織の解体の後に設立される新銀行は要求払い預金のみを受け入れ、その準備には合法的通貨や連邦準備銀行にたいする預金など預金額にたいして一〇〇パーセントを準備すること、新しい銀行は預金と取引の仲介機能をもつ通常の銀行（これは手数料だけで運営される）と、融資・割引機能をもつ投資銀行に分けられること、また、政府が金融手段を駆使して物価水準を約一五パーセント引き上げるべきとした。一九三三年の銀行法成立の後に、一一月には残された課題を中心にした新たなメモが作成され、配布された。

この改革案誕生の背景には、一九三四年に入っても、制度改正にもかかわらず、銀行の貸し渋りは解消せず、民間企業の経済活動が不活発なままだった事情がある。連銀当局による買いオペレーションが頻繁に実施されたが、それらが最終的に市中銀行の与信能力の拡大に役立っているかどうかが不確かだった。

そこでサイモンズらは一〇〇パーセント準備案によって通貨供給量調節の権限を市

中銀行から政府の手に取りもどすことが必要だと考えたのである。

この間、議員の立案による連邦通貨庁（Federal Monetary Authority）の設立など、信用の集権化をはかる提案などが議会で審議されていたが、一九三四年末になってようやくエクルズやカリーなどの新政権のブレインたちが本格的に銀行金融改革に取り組みはじめた。

なかでもカリーは「一〇〇パーセント準備案」の信奉者で、それに連邦通貨庁の設立を組み合わせたプランを提示した。

他方で、フィッシャーは、一九三四年に入ると「一〇〇パーセント準備案」に熱狂的に賛成し、『一〇〇％準備通貨』と題する書物を刊行した。彼の観点からすると、シカゴ・グループの提案とは異なり、銀行の国有化にたいする対案であり、彼の積年の「通貨の安定」目標を実現するものだった。また、恐慌下で民衆が預金の喪失を恐れて銀行の小切手口座から資金を引き上げた経験から、安全な小切手機能の保全を第一に考えた結果である。

好況時には銀行が貸出過剰になってバブルの形成にひと役買い、不況時には逆に貸し渋りになるという問題が現在でもなお未解決ということを考えてみても、この提案の、問題提起の有効性は失われていないのである。

3　政府は銀行をどう改革したか

銀行を三ランクにわける

話をローズヴェルト就任の時点にもどそう。前に述べたように、一九三三年三月三日までに三八州が銀行閉鎖や預金引き出しの制限をしていたが、大統領就任当日の三月四日、ニューヨーク州とイリノイ州もこれに加わった。

ローズヴェルト大統領は三月六日、全国銀行休日宣言を行い、銀行再開の権限を州から連邦政府に移した。さらに金の大量流出に歯止めをかけるため、当初四日間金銀の輸出は禁止された。その後、金輸出禁止は無期限の措置となった。

この時点で全米の銀行数は一万八四〇〇だったが、九日に急遽《きゆうきよ》成立した緊急銀行法は、銀行再開と当面の銀行恐慌解決のために必要な権限を連邦政府にあたえることを規定した。この法律は、支払い能力にしたがって銀行を三つのクラスにわけた。クラスAは健全、クラスBは採算点ぎりぎり、クラスCは閉鎖対象である。ある特定の都市でクラスAの銀行がなく、クラスBの既存銀行の状態が思わしくない場合には、政府（財務長官）が再建金融公社（ＲＦＣ）を通じて優先株を購入して自己資本とし、預金支払い義務を継承する度合いに応じて旧銀行の資産を継承し、新銀行を設立するという方法が編み出された。

　三月一五日までに半数の銀行が再開され、四月一二日までに、預金総額九〇パーセントを占める、資産状態が健全と判断された一万二八一七行が再開された。内訳は国法銀行が四七八九、州法銀行が六三六、非加盟銀行が七三九二行だった。四〇億ドルに上る預金をかかえた四二一五銀行が、なお再開のめどが立たないままだった。その後も再開される銀行がふえていったが、結局、約一〇〇〇銀行が閉鎖されたままになった。

　緊急銀行法は、再開された銀行経営の健全性を確保するためにも、さまざまな方策を準備した。まずRFCが銀行の優先株を購入することで、銀行自己資本を補強すること。連邦準備銀行は非加盟銀行にたいしても一般預金者の通貨需要が一〇〇パーセント満たされることを保障するため、融資を行えることになっていた。ただし、銀行の再生計画で主役を演じたのは、大幅に権限を強化されたRFCである。再開された銀行のもとには貸し出しを上回る預金が集まった。順次銀行が再開されるにつれて、一般人の通貨退蔵額は減りはじめた。優先株購入などによる、RFCを通ずる公的資金の注入額は一九三四年前半までに一八億ドルに達した。

RFCはすでにローズヴェルト就任以前から閉鎖銀行の破産管財人にたいして、八〇〇〇万ドルを融資していたが、一九三三年一〇月に預金管財局が設立されると処理のスピードが速まった。一九三三年末までにRFCは、七七六件、三億ドル以上を閉鎖銀行管財人に融資した。これによって預金者が自己の預金をすばやく受け取れたし、銀行資産の目減りも最小限にすることができた。こうして銀行恐慌はそれ以上悪化することなく、一九三四年には破産銀行数は激減し、一応の安定が保たれた（図5、一四二ページ）。

しかしながら、一九三〇年代を通じて銀行の一般企業にたいする貸し渋りは解消されず、金融市場は不活発なままで、その結果大企業の自己金融依存は強まり、中小企業の資金不足はつづき、投資増加による景気回復を困難にした（なお、斉藤叫、シリーズ「大恐慌時代の銀行救済とわが国の優先株」『週刊エコノミスト』〔一九九八年三～七月〕を見よ）。

預金者、農民、住宅所有者の保護

六月に銀行法が成立すると、連邦預金保険公社（FDIC）が設立され、財務省、連邦準備銀行、加盟銀行それぞれから資金を拠出して、当初は各預金口座あたり二五

○○ドル、後に五○○○○ドルまでの預金を保証した。連邦準備制度非加盟銀行も、条件を満たせば、このシステムに加入できた。約九○○○の非加盟銀行が加入を申請したので、その審査をするのがひと仕事だった。

農業負債問題にかんしては、一九三三年三月に新設された農業融資局（ＦＣＡ）が主役となった。ＦＣＡはまず抵当権解除を減らすために、債務者・債権者の当事者交渉を行う委員会を四四州二七○○カウンティに設けた。実際の交渉では債権者の側に相当の譲歩が要請された。また、連邦農場抵当公社を通じて一九三三年五月から一九三六年六月までに二一億ドルの農場抵当融資を行った。そのうち、約七割が抵当再融資だった。一九三六年末には農場抵当の四○パーセントがＦＣＡによって保有されていた。

住宅抵当にかんしては、フーヴァー政権のもとで設立された一二の連邦住宅融資銀行があったが、ローズヴェルト政権下でこれらの銀行が本格的に住宅抵当の融資に動き出した。六月には住宅所有者融資公社（ＨＯＬＣ）が新設され、①法律成立時に非自発的な債務不履行の状態にある人びと、②一九三○年以降抵当解除その他によって住宅を失った人びと、③住宅所有に問題はないが、滞納した税金や住宅修理に必要な融資が受けられない人びと、のそれぞれにたいして融資が開始された。一九三六年六月の融資の終了までに、一〇一万八〇〇〇件、約一一億ドルの融資が行われた。五件に一件は再融資だった。

一九三四年六月には破産法が改正されて、企業が破産管財人の管轄下に入る前に再編することができるようになり、相当数がその恩恵に浴した。

金融機関の不正の暴露

一九三三年六月に成立した一九三三年銀行法は、別名グラス＝スティーガル法とも呼ばれるが、右に述べた預金保険以外に、商業銀行が投資銀行業務を兼営することを禁止し、要求払い預金にたいする利子支給の禁止、定期性預金の上限規制権限を連邦準備理事会に付与、などを規定した。

とくに銀行業務と投資業務の分離は、一九二〇年代の株式ブームが銀行による証券子会社の設立によって加速し、バブルの形成に寄与したことの反省からである。

だが、こうした立法を可能にした決定的な事情は、一九三二年四月から一九三四年五月まで上院銀行通貨委員会を通じて行われた、膨大な「ペコラ調査」が明らかにしたさまざまな不正の暴露にあった。

調査は一九三三年にペコラが顧問に就任した二月以降本格化する。調査の対象となった巨大金融機関は、電力持株会社インサル会社、ナショナル・シティ銀行、J・P・モルガン商会、クーン・ローブ商会、ディロン・リード商会、チェース・ナショナル銀行などである。

モルガン商会の優先（顧客）リスト、ナショナル・シティ銀行の会長のきわだった高給と脱税、証券子会社を使った不良貸付、株価操作、チェース・ナショナル銀行による自社株投機など、次々に明らかにされたモラルを逸脱した行為にたいする世論の反撥《はんぱつ》は強く、銀行法や一九三三年五月の証券法による、一般投資家のための徹底したディスクロージャー規制を実現させることになった。六月には証券取引法によって、インサイダー取引の禁止や証拠金率の規制などが盛りこまれ、一九三四年六月には証券取引委員会（SEC）が設立され、規制の中枢《ちゅうすう》となった。

これにたいして一九三五年銀行法は、まず前年に臨時的措置としてはじまった銀行預金の保険を恒久的なものとした。また、この法律は連邦準備制度を拡充強化した。一九三三年銀行法で銀行側に不利な条項を修正すると同時に連邦準備制度のワシントンへの集権化を進め、連邦準備理事会（Federal Reserve Board）を連邦準備制度理事会（Board of Governors of the Federal Reserve System　本書では新旧ともに連邦準備理事会と略称）に再編した。この理事会は加盟銀行の準備率変更権限をもち、再割引率の変更権限も明瞭に規定された。

法律の主たる推進者はユタ州出身の銀行家で連邦準備理事会議長であり、新法のもとで理事会の議長になったマリナー・エクルズ（Marriner S. Eccles, 一八九〇〜一九七七）だった。

4 金本位制停止からドルの切り下げまで

ラジオを巧みに利用

ローズヴェルトが就任して銀行恐慌がおさまり、最初の一〇〇日間の嵐のような議論が議会ではじまると、ほとんど同時に物価や生産が反転上昇していった。ここには、政策のタイミングの良さだけでは説明できない要因が潜んでいると思われる。
資本主義から社会主義へといった、大きな体制の転換でなくとも、フーヴァー政権からローズヴェルト政権へ、あるいは、同時代ドイツの大統領内閣時代からヒトラー独裁政権へ、というふうな政治体制の変化があると、国民の期待が（良い方向に）変化して、経済を押し上げていく「信頼感」も上昇する場合がある。フ
テミンはこれを「ポリシー・レジームの変化」と表現している。RFCなどの、

ーヴァー政権が創設して、ローズヴェルト政権のもとで本格的に不況対策に用いられた機構も少なくないのだが、やはり国民は「嫌々ながら、小出しに、国民に対して親しみをもった顔さえ向けずに」政策を行うフーヴァー政権の政治スタイルにうんざりしていたのである。

ローズヴェルトは声に張りがあってよく通り、身ぶり手ぶりをまじえた演説がうまく、人を笑わせることも上手で、わかりやすい言葉で説明することにエネルギーを惜しまなかった。「炉辺《ろへん》談話」といって、暖炉のそばで国民に親しく語りかけるというラジオ放送を定期的に行って、ラジオという新しいメディアをうまく使った。国民は当時の流行歌やジャズなどを聞く以外に、ローズヴェルトの話を楽しみにして自分たちの家の居間のラジオの前に集まったであろう。むろん、ローズヴェルトにかわってすべてがうまくいったわけではないが、アメリカ国民は少なくともフーヴァーの時よりも政治に期待を寄せるようになったのではないだろうか。

ドル切り下げ

前にも述べたように、銀行の再開とともに人びとの不安を反映して三月には七二・五億ドルに達していた預金外流通通貨は、四月末までには早くも六〇億ドルに減少し、やがて通常水準に戻った。

一九三四年一月の金準備法によるドルの安定までの経過をざっとみておけば、ローズヴェルトによる三月の銀行休日宣言のさいに金銀貨・地金の輸出がまず禁止されたあと、四月五日には金貨等の退蔵が禁止され、四月一九日には金輸出禁止令によりドルと金の兌換が最終的に禁止された。こうして、これまでの恐慌のときにしばしば見られた、一般人が価値保全のために金貨を退蔵することができなくなった。

四月一八日以降、ドルは中央銀行によるものをのぞいては金に兌換できなくなり、ドルは他のすべての通貨にたいしてフロートしはじめた。ドル切り下げはこの時点ではじまったともいえる。

綿花価格と為替レートの推移を図6で見てみよう。イギリス・ポンドとドルとのあいだが固定されていた大恐慌の前半、世界市況から綿花価格は下がりつづけた。ポンドが切り下げられた一九三一年九月以降からニューディール開始の時点まで、綿花価格は低いレベルを上下している。

ところが、ニューディール開始、ドルのフロートと同時に綿花価格は鋭い上昇を見せはじめ、一九三三年夏に政府がドルを固定しかけたときにいったん下げたあと、秋のドル相場の下落に合わせるかのように再上昇した。そして、一九三四年のドルの再

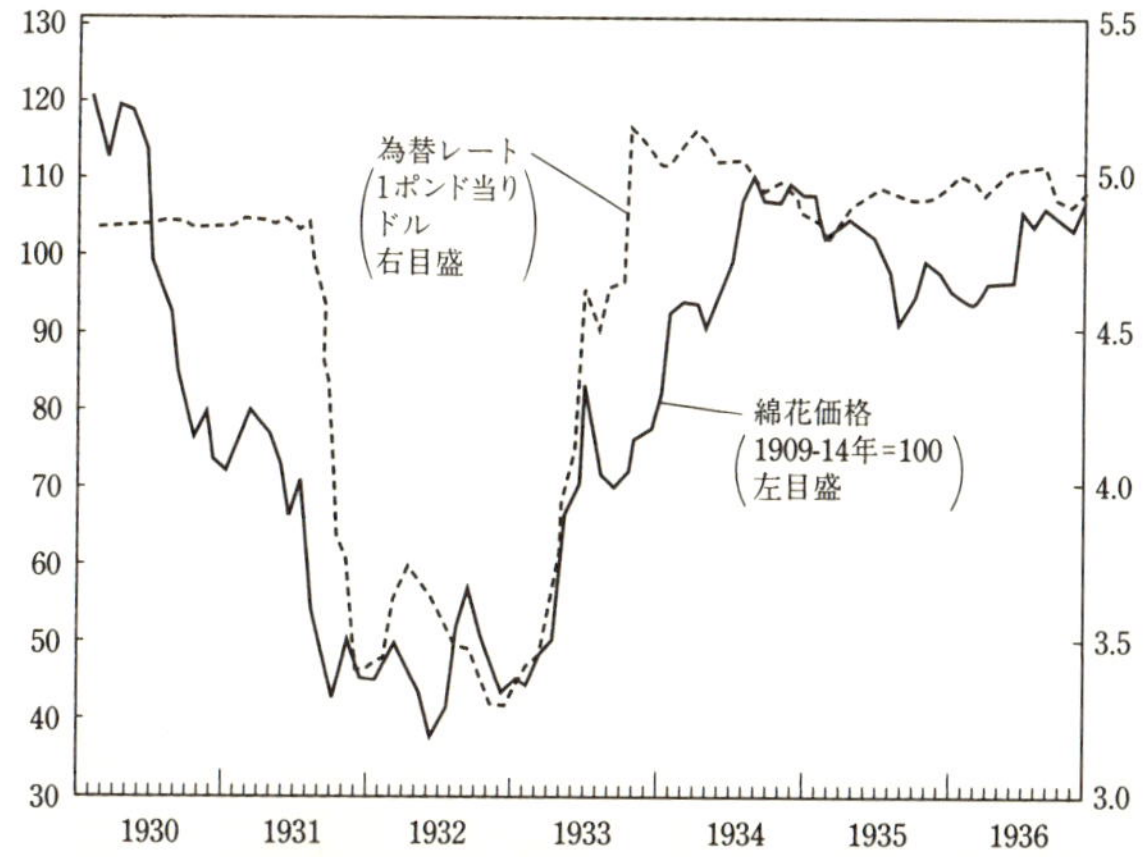

資料：Temin & A.Wigmore, *The End of One Big Inflation.*

図6　綿花価格と為替レート（1930～36年）

固定と連動して、高値安定状態になった。

この例が示すように、金本位制離脱グループに遅れて参加したアメリカの代表的輸出財価格は見事なまでに、ドルの下落に合わせて上昇したのである。

これは、ニューディール開始後の工業生産の鋭い上昇をも半分は説明するであろう。

農民組合会長のシンプソンが提出した農産物についての生産費補償価格案は、上院で可決された後、下院で否決された。オクラホマ州のエルマー・トーマス（Elmer Thomas, 一八七六～一九六五）上院議員の提出した、いわゆるトーマス修正だけが、数多くのインフレーション的修正条項のなかで生き残った。それはいわば、ローズヴェルトが議会内外での通貨量増大要求に対処するために、受け入れざるをえなかった身代わりのようなものである。

「トーマス修正」は農業法の第三部となったが、その内容は大統領の権限として最大三〇億ドルまでのグリーンバック（連邦準備券。日本銀行券にあたる）または政府紙幣の発行、ドル平価を五〇パーセントまで切り下げる、金銀の交換比率の決定、六ヵ月間に銀を二億ドルまで対外支払いに充当しうることなどを認め、連邦準備理事会の権限として緊急時の預金準備率変更を認めたものである。

ここに規定された権限を大統領がフルに行使した場合、当時の通貨量がほぼ二倍になるという内容だったが、大統領はこれらすべての権限の行使を義務づけられてはいなかった。

爆弾声明

六月から七月には、前年にフーヴァー大統領によって設定されていたロンドン世界経済会議が開かれた。どの主要国も表向き「通貨の安定」を欲していたが、その中身は置かれた立場によって異なっていた。フランスは現在のレートで各国通貨の金レートを固定することを望んでいた。イギリスは前年七月のオタワでのイギリス連邦経済会議で連邦諸国が一堂に会したときに、世界的な通貨安定は、債務負担や購買力が適正に評価されるように、世界の物価水準が上昇することを前提にしなければならない、ということで合意していた。

この会議で合意の形成があるとすれば、イギリスとアメリカが通貨の安定、金価格の固定、それにたいしてフランスが貿易の自由化、関税の軽減で譲歩、というシナリオだったかもしれない。だが、フランス政府は農産物価格下落に悩む農民たちをかかえており、彼らの政治力の強さを考えれば譲歩はとても無理だった。アメリカはこれまで述べてきたとおり、物価引き上げや銀の再運用について国民のあいだで期待が高まっており、結局ローズヴェルトはその声を無視して（つまり、物価引き上げ政策を中断して）ポンドやフランとの安定を求めることはできなかった。

ローズヴェルトが発表した声明（これによって会議の決裂が決定的になったので爆弾声明と呼ばれる）のなかには、こういう文言が見られる。「一国の健全な国内経済システムは、変動する他国通貨の尺度で見たその国の通貨の価格よりも、その福祉にとってより大きな要因である」。「合衆国は、数十年にわたって、不変の購買力と債務返済能力を持続するような価値をもったドルを追求する」。

「為替安定」か「国内物価安定」かの岐路に立たされたローズヴェルトが、この時点で後者を選択せざるをえなかったのはこれまでの経緯、とりわけ農産物の高価格を求める農民の叫びからすれば、当然といえた。

当時のドルは、三月に比して対ポンド、対フランともに約二〇パーセント前後しか上昇していなかったし、実勢ではなお相当の上昇余地を残していた。フィッシャーらが組織していたリフレーション政策を求める「国民委員会」はローズヴェルトにたいしてドルを四三パーセント切り下げるよう打電していた。国内物価を十分に上昇させるためにはそれくらいの切り下げが必要だとみられていたからである。右の声明はすでにリフレーション論者のレトリックで書かれている。

選択的な組み合わせの妙

七月を過ぎると、農産物価格や工業生産はふたたび下がりはじめ、卸売物価も上昇傾向が鈍った。国内物価を引き上げる何らかの新たな方策が必要だと判断された。もともと、連邦準備理事会はフーヴァー政権の時よりも積極的な政府証券の購入を行う立場だったが、五月下旬から七月上旬まで買いオペレーションは週平均二〇〇〇万〜二八〇〇万ドル、累計二〇億ドルをこえた。

八月に一時購入額が下がったが、「物価、とくに農産物価格の下落、および企業の及び腰が見られるために、（トーマス修正条項にもとづいた）合衆国紙幣発行を支持する世論がかなり高まりつつあった」。連銀が買いオペをふやせばそうした「危険な行為」を避けることが可能なので、連邦準備理事会はふたたび、こんどは週平均三五万ドルをこえる購入を開始した。これは一一月中旬までつづけられる。

こうして紙幣の増発というあからさまなインフレーション政策を避けるために、買いオペというより柔軟な方策が採られたのである。

いまひとつは政府の金買い上げ政策である。理論的基礎を提供したのは、ウォレン＝ピアソンの、金の需給こそが一国の物価水準のもっとも重要な要因だとする理論だった。九月八日に金の公定価格が一オンス二〇・六七ドルから二九・八二ドルに引き上げられた。一〇月にローズヴェルトはウォレン理論の採用を公式に言明し、それ以後財務省にRFCと協力してアメリカ内外で日々上昇する価格で金を買い上げさせたのである。一九三四年一月までに金価格は六九パーセントも上昇したが、卸売物価は二〇パーセントも上がらず、事実上ウォレン理論が必ずしも正しくないことが証明された。

ちなみに、ドルの切り下げから金本位制離脱の道すじを構想していたフィッシャーにたいして、ウォレン、ピアソンらにとって金本位制じたいの廃止はその政策の射程の外にあった。逆に、リフレーションという目的で一致していたフィッシャーとケインズ（後述）だが、フィッシャーは公共セクターによる雇用創出という「ケインズ型」の事業には一貫して反対だった。ローズヴェルトは、まさしく、これらの提言を選択的に組み合わせて自らの政策として実行していったのであって、ひとつだけを採用したわけではなかったのである。

金買い上げ実験の後に一九三四年一月の金準備法が制定された。これによって連邦準備銀行から財務省に金貨と金地金がすべて引き渡され、財務省が唯一の合法的な金保有者となると、ローズヴェルトは二月一日にトーマス修正条項（金準備法により再修正）を発動してドルの金価格を約四〇パーセント切り下げて、当時の実勢に近い金一オンス＝三五ドルに固定し、管理通貨制への移行が完了した。

ローズヴェルト政権は、大恐慌下の農民層を中心とした物価引き上げ、インフレーションへの澎湃《ほうはい》としたうねりのような国民的要求にたいして、ドル切り下げと金本位制離脱＝管理通貨制の採用によって国内物価引き上げ優先主義を貫き、前政権とは反対の方向で積極的な政治的ヘゲモニーを発揮したのである。

本章では、大恐慌期の銀行恐慌がしだいに本格化し、一九三三年冬にいたってついに中西部で銀行休日がはじまり、銀行救済がローズヴェルト政権の最初の仕事となった経緯を見た。フィッシャーらの議論にも促迫《そくはく》されて、しだいに債務者救済、リフレーションが新政権の責務となり、さらに、大恐慌を招いた制度の欠陥をただすべく、銀行や証券改革がニューディールのもとで進行した。

次の章では、ニューディールの中心をなした政策と理論を見ていくことにしよう。

第四章　ニューディールの景気政策

1　ローズヴェルトが大統領に就任したとき

われわれには新しい大統領がいる

当時一二歳の少年だったロバートはこう回想している。

一九三三年三月、ペンシルヴェニア州ピッツバーグ近郊の町ポート・ヴューで、隣人の一人が、仲間全員が友人の家の居間に集まって大統領の就任式の放送を聞こうじゃないかと提案した。へやの中心に、光沢《こうたく》のある木製の大きなキャビネットにラジオが固定されていた。みんなが近くへ移動した。……とうとう彼らは、近くの教会の時を告げる鐘の音のように明瞭な放送を聞くことができた。隣人はすべてがうまくいった、と語った。われわれには新しい大統領がいるのだ、と彼女はビクトリア（引用者注、ロバートの母親）に報告した。……ローズヴェルトはフーヴァー大統領よりもよりよく面倒を見てくれるように思われた。フーヴァーは不況が去るのを待つことで満足しているようだったが、ローズヴェルトは何らかの手を打とうとしているようだった。彼は仕事をなくした人びとを助けるために政府を使おうと語った。彼は合衆国の民衆にたいして「ニューディール」を約束した。

以下は、就任式に参加した父親ジョンの手記である。

それから、新大統領が演説をした。歯切れが良く、はっきりした声で、ローズヴェルト大統領は「真実を、全《まった》き真実を、正直に、大胆に語ろう」と約束した。「そこでまず第一に、」と彼はつづけた。「恐れるべき唯一の問題は恐怖それ自体だという、私の堅い信念を主張させていただきたい」。

これこそがジョンが是非とも聞きたかった多くの言葉の第一だった。あの男（引用者注、隣人の一人）を飛びこませて死にいたらしめたものは、将来にたいする恐怖だった。しかも、あの男だけがその恐れをもっていたわけではない。人びとは勇気と将来にたいする確信がほしかったのだ。だが、問題がこれだけ大きいとそれはそう簡単なことじゃなかった。ジョンはそのことをほかのみんなと同じに知っていた。大統領はうわべだけで真実を隠したりはしなかった。彼はつづけた。「わが国は行動を必要としている。今すぐの行動を。われわれの最大の仕事は人びとを仕事に就かせることだ」(Robert J. Norrells, Alex Haley eds., *We Want Jobs : A Story of the Great Depression*〔Raintree, Steck-Vaughn, Pub., 1993〕, pp.27-32.)。

「フーヴァーをつるせ」

当時やはり少年だったダン・ラザー(前出)はこう記している。

フーヴァーは一九三〇年六月、「不況は終わった」と言明した。おそらく彼ほど猛烈に憎まれた大統領はいなかったにちがいない。町々に突如出現したホームレスの人びとの小屋の集合がたちまちに「フーヴァービル」と命名された。一九三二年の大統領選挙では「フーヴァーをつるせ、フーヴァーをつるせ」と群衆が叫んだ。フランクリン・D・ローズヴェルトをあのような英雄に仕立て上げるのに役だった一つの革新は、彼が最初のラジオを通じて、われわれの家庭を定期的に訪問したことだ。われわれは彼の「炉辺談話」をわれわれ家族に直接宛てられた非公式のメッセージのように受け止めたのだ（*I Remember*, p.183, 185.）。

本章では、ローズヴェルトの時代のニューディールが大恐慌をどのようなものと考え、どう対処しようとしたかを主要な問題に限定し跡づけることとする。ニューディールのキーワードは農村復興、消費者購買力の回復、そしてワークレリーフである。

消費の刺激こそが繁栄の道

恐慌下の一九三二年の大統領選挙は、現職の共和党候補フーヴァーとニューヨーク州知事から民主党大統領候補となったローズヴェルトのあいだでたたかわれたが、恐慌を悪化させた張本人であるビッグビジネスや大銀行と同じ利害をもつと見られたフーヴァーは最初から不利だった。

六月のシカゴでの共和党大会のとき、市内にフーヴァーの写真が一つも飾ってなかったという。ローズヴェルトのほうは、選挙戦と同時に、自分の経済政策理念に同調しそうなインテリ・エリート（彼らが後にブレイントラストと呼ばれることになった）を糾合《きゅうごう》して、しだいに自らの政策理念を固めていった。

大統領選挙はローズヴェルトが一般投票で七〇〇万票の差、選挙人票では四七二票対五九票という圧倒的な差で選出された。

ローズヴェルトの考え方の根本は、一九二〇年代に経済成長が過大な生産力の拡大によってなされ、他方で、消費購買力が不十分のままに放置されてきたことに問題の根源を見るものだった。

彼は五月のジョージア州オグルソープ大学での演説でこう述べている（Daniel R. Fusfeld, *The Economic Thought of Franklin D. Roosevelt and the Origins of the New Deal*〔AMS P, 1970〕, p.205.）。

われわれが直面している基本的なトラブルは資本の不十分さではない。それは、十分すぎる投機的生産と結びついた購買力の不十分な分配にあった。わが産業の多くで賃金が上昇したけれども、資本に対する報酬と比例的なほどには上昇しなかったし、しかも同時にわが人口の他の一大集団の購買力が縮小するにまかされたのである。……私は、われわれの大衆的経済思想において、根本的な変化の起きつつある入口にいると信じている。すなわち、将来はわれわれは生産者についてはこれまでほどは考慮せず、これまでより一層消費者について考えるようになろう、ということだ。われわれの病める経済秩序に生命を吹き込めることなら何でもやるべきだし、われわれがもっと賢明な、もっと平等な国民所得の分配をうち立てないかぎり、われわれは長くは持ちこたえられないだろう。

ローズヴェルトは、より多く生産すればするほど、大衆の消費が拡大するというこれまでの経済学がおしえる原理を信じておらず、消費を刺激することが繁栄への道だと考えていた。

そもそも一九二〇年代には、「消費者が支払わなくてはならない価格はほとんど、あるいは全然下がらず、他方で生産費用は大々的に下がったことを同じ数字が証明している。この時期の企業の利潤は莫大《ばくだい》なものだ。同時に、その利潤は価格の引き下げにはほとんど使われなかった。消費者が忘れられていた。そのきわめて小さい部分が賃金に還元されたにすぎない。労働者が忘れられた。しかも、配当金に十分な割合が支払われたとも言えない。株主が忘れられたのだ」(*Ibid.*, p.228.)。

その結果、膨大な企業利潤は一方で新たな、不必要な工場設備の投資に向かい、恐慌下で遊休を余儀なくされている。他方で、ウォール街のコール・マネーに投じられた。購買力を持ち得ないがゆえに恐慌の到来に貢献した第一の階層は、農民である。九月のカンザス州トピカでの演説で彼は、こう述べた。

農業人口が全人口の二二パーセントを占めているのに国民所得に占める農民のシェアは一九二〇年の一五パーセントから一九三二年の七パーセントにまで下落してしまった。農民購買力の縮小は経済の他のセクターの不況の原因となった。まずもって農産物価格を回復しなければならない。そのためにはある程度の政府と生産者の協力による計画化が必要である。大統領候補は、農業金融の再融資、関税の互恵的引き下げも約束した。

リフレーション論者の見解を支持

ところで、ローズヴェルトがより平等な所得分配を語るとき、あらゆるものを没収して再配分する、というのではなくて、「富と生産物をより平等に分配する方法は、われわれの経済立法を調整して、どの集団も他の集団ないしセクションの犠牲において不当に有利にならないようにすることである。われわれが法律でどの集団でも他の集団を搾取《さくしゅ》することを助けたり、そうしたことを許容するとすれば、搾取された集団はもはや購入することはできない。むしろ政府は体系的に、関税補助金であれ偏った信用供与であれ課税であれ、特別の利益や特別のえこひいきや特別の特権を可能な限り除去しなくてはならない」（*Ibid.*, pp.245-246.）ということだった。

彼は、ＮＩＲＡ（後述）に結晶するような、業界団体を軸にした産業の計画化や、都市民・中小企業の債務負担の軽減にも言及しているが、それは彼がそもそも、農産物価格が他の物価に比して割安だ、というような物価の不均衡をただして、通貨の購買力を安定化させるというリフレーション論者の見解を、このころより基本的には支持していたことが背景にあった。

とはいえ、消費購買力の回復といっても、連邦財政を赤字にしてまで公共事業を行うようなことは、応急的措置ならともかく、長期の景気回復策としてはローズヴェルトの選択肢の外だった。

2　農業は復権を、労働者には賃金を

欠陥の是正

ローズヴェルト政権は銀行など金融機関のリハビリと、金本位制の制約から逃れて国内的には金とリンクしない不換紙幣発行ができるようにしたうえで、ドルを切り下げ、物価が上昇しやすい環境を作った。それはまた過剰債務、ないしは債務の過大評価を適正な物価上昇（リフレーション）によって調整しようとする試みでもあった。

このような通貨全般におよぶ政策のほかに、ニューディールは、農業や産業、労働、さらには失業者対策にいたるまで、さまざまな政策を通じて、景気回復と経済システムの欠陥だと思われていた点についての是正とを同時に実行しようとした。

生産制限——新しいアイディア

生産農家にたいして減反をしてもらうかわりに、それに応じた補助金を政府が支払うという農業保護のやり方は、ニューディールからはじまったもので、第二次大戦後に日本やヨーロッパ諸国が見習うことになった。アメリカでは、その後の規制緩和の流れのなかで、強制的色彩の強い作物ごとの減反方式はすでに姿を消し、農民と市場を尊重する形になっている。まねをした側の日本農業のほうが輸入管理をふくめた、いわば社会主義的な規制から抜け出せず国際競争力をなくしているのは、皮肉な話である。

一九二〇年代の農業はブームから取り残された感があり、農産物価格が停滞していたために、たとえばアメリカの都市では食料の消費者である労働者のほうが差別的購買力をもってしまったともいわれたほどである。そこで、議会の農業ロビーではマクナリー＝ハウゲン法案という輸出価格と国内価格の二重価格制の導入が何度も試みられて失敗した。大統領が拒否権を使って法案化を阻止したのだが、おそらく正しい判断であったろう。

というのも、大恐慌下でフーヴァーが「実験」した、生産制限なしの政府（＝連邦農業局）による余剰農産物買い上げシステムは、ものの見事に失敗したからである。マクナリー＝ハウゲン法案も、もしも実施されていれば、輸出価格が高騰しただけでなく、価格支持が農家の生産意欲をいっそう刺激したであろうから、おそらく立案者の意図とは別の結果をもたらしたであろう。

ニューディールで展開した新しい政策のアイディアは、生産制限という枠組みにあった。これは、モンタナ州立大学の農業経済学者ウィルソン（Milburn L. Wilson, 一八八五〜一九六九）の発案した「自発的国内減反計画」が基本となった。

一九三二年五月、ウィルソンの国内減反計画を知り、六月にローズヴェルトに引き合わせたのは、タグウェルだった。一九三三年五月に成立した農業調整法（ＡＡＡ）は、その「非常事態の宣言」において、「農産物と他の商品との間の、いちじるしくかつ増大しつつある価格の不均衡の結果」「農民の工業生産物購買力」が阻害されていることが事態の根本だと分析し、基準年次（一九〇九〜一四年）の農民の購買力と同等の購買力を農民にあたえるような水準に価格を再設定できるよう、農産物の「生産と消費の間の均衡および、出荷の条件を確立し、維持すること」を目的とした。

減反と補助金

ローズヴェルトは三月一六日、議会に農業調整法を提案するにさいし、「それは――わが国農民の購買力を増加し、わが国工業全体の製造する物品の消費をふやすことをめざし、同時に農場抵当の圧力を大幅に除去し、わが国銀行制度により行われた農場融資の資産価額を増加させることをめざす」と述べている。

農産物価格を引き上げることにより、農工間の不均衡を正すだけでなく、農民に購買力をあたえて経済不況を打開する意味もあった。農産物価格均衡（パリティ）の目標となる時点は、第一次大戦前の農業好景気の時代（一九〇九～一四年）であり、このころにはパリティ指数（農産物価格÷工業製品価格×一〇〇）平均が一〇〇であった。

実施機関として農務省の下に農業調整局（AAA）が設けられた。具体的な政策の第一は、生産者とAAAの契約による作付面積または産出額の制限であり、生産制限に協力した農家には補助金が支払われる。その財源は当初、国内消費用農産物の第一次加工時に課せられる加工税であり、法律の適用は当初七つの基本農産物（小麦、綿花、とうもろこし、豚、タバコ、ミルクとその製品）に限られた。

ミルクとその製品は生産制限の対象とならなかったが、第二の政策である出荷協定の重要な柱となった。いくつかのミルク集荷地域でＡＡＡが生産者と加工・集配業者のあいだに入る形で地域ごとの出荷協定を結ばせたが、連邦規模にそれを拡大しようとする計画は実現できなかった。

第三の政策は、余剰農産物の除去と救済用の買い上げ、および輸入制限であった。一九三三年の植え付け後に緊急に実施された綿花の掘り起こしや、豚の頭数調整は国民のあいだに激しい反撥を引き起こした。

当初これらの計画への参加は農家の自主性にまかされたから、農家の政策参加へのインセンティブが必要だった。まず、減反に協力した農家に「農産物融資公社」（ＣＣＣ）からの融資が受けられる特典をあたえた。次に綿花やタバコの場合、一九三四～三五年には地域の三分の二以上の農家の賛成を条件に、減反が強制的なものに変わった。

さらにコーンベルト（とうもろこし生産地帯）で広く試みられたのが、「草の根民主主義」、つまり減反計画の立案・実行に最大限地域農民の生《なま》の声を採り入れ、実際の運営もかなり彼らにまかせたのである。一九三三年の農業調整法は一九三六年一月に違憲判決を受けたが、そのもとになった訴訟は、減反財源の加工税に反対する業者が起こしたものだったこともあり、加工税は後に一般財源からの支出に変わった。強制減反は後の農業法からは姿を消した。綿花の減反にからんで南部では、プランテーションの地主経営者が補助金を独占したり、減反対象の農地にいた小作人を追いだす現象がニューディール施行後に一般化し、激しい農民運動を引き起こす引き金になった。

供給管理か需要拡大か

ニューディール農業政策の方向については、農務長官ヘンリー・ウォーレス(Henry A. Wallace, 一八八八〜一九六五)ら政府官僚たちの生産制限、つまり供給管理に重点を置いたものと、前述の在野農民組合のシンプソンらの需要拡大に力点のあるものとの対立があった。前者が価格のバランスで考えていたのにたいし、後者が所得のバランスに重きを置いていたことも興味深い。第二次大戦後は農業政策の大きな流れは供給管理から需要拡大へと移行しているが、この流れはニューディール以前的政策への逆戻りではなく、農民保護政策に沿った政策の重心の移動を示している。

ところでローズヴェルトは一九三二年の選挙戦で、多くの農産物(および工業製品）が国内需要をはるかにこえて生産されている事実を指摘し、フーヴァー政権の政策を批判している。

すなわち、スムート＝ホーレイ関税のような高い関税を輸入品に課せば、諸外国は自国の国内市場を保護するために報復関税を課すだろう。そうすると、アメリカの農産物も工業製品も輸出しにくくなって、結局国内に商品があふれて需要不足からそれらの価格が下がってしまう。その結果、アメリカ企業は海外に移転する動きが強まるから、国内の労働者が失業する結果となるだろうというのである。

ローズヴェルトのバランス感覚

それではどうしたらよいか。農業については、とにかく価格が暴落しているので、応急措置として減反、価格支持を行うが、やはり海外市場開拓の試みもやめるわけにはいかない。ただし、アメリカの関税が高いからといってアメリカが一方的に関税を下げるのでは、以前のアメリカの高関税に対抗して関税を引き上げた諸外国の市場をオープンなものにすることは望み薄である。

ローズヴェルトは大統領就任の最初から互恵的な交渉による関税引き下げを諸外国に迫る計画をもっていた。自由貿易、互恵通商協定論者のコーデル・ハル（Cordell

Hull, 一八七一〜一九五五）を政権の枢要《すうよう》の地位である国務長官に任命した。

減反による供給管理を強化していけば、ニューディールは、当初その色彩が濃かった経済ナショナリズムに限りなく近づき、おなじ時代のナチスのアウタルキー（国内市場隔離を基本とする一国主義的な恐慌脱出策）と区別がつかなくなったかもしれない。ここではローズヴェルトのバランス感覚がそうした方向への歯止めとなった。

もとより農産物価格支持政策は、良いことずくめではない。ニューディール初期には農民はＡＡＡを通じて、労働者と資本家はＮＩＲＡ（後述）を通じて、自らの商品（農産物、労働力、工業製品）の価格を引き上げようと試みた。したがって国民経済におけるそれらの政策の全体的効果はあいまいなものとなる。

もしも農産物の価格支持だけが実施されれば、農民の国民所得の取り分は増加するだろう。つまり、価格支持や価格固定は国民所得を再分配する間接的方法にほかならない。かかる方策がやや閉鎖的な経済で行われるとすれば、農民以外の階層の負担を何らかの意味で増加させるしかないのである。

逆に、労働者の賃金だけが労働市場での労働力需給を無視して引き上げられれば、労働者の国民所得の取り分は他の階層の負担で増加する。おなじことは、資本家が管理価格的な価格引き上げを行った場合の利潤増加についてもいえる。

アウタルキー的政策に傾斜したナチス体制下では、当初はともかく、しだいに輸入代用品の生産が盛んとなり、消費者の満足度は下がり、生活レベルは低下した。消費者の時代が来ると予言したローズヴェルトには、大量失業下の国民の衣食住をこれ以上悪化させること[illegible]できなかった。むろん、ニューディールの諸改革が終わって戦時体制になる[illegible]ば自動車などは軍用以外は生産されなくなったが。

[illegible]に、ローズヴェルトがとった景気回復策のひとつが、産[illegible]の言葉でいえば計画化（planning）である。「全国産[illegible]ヴェルト政権の景気回復と経済改革にかける期待[illegible]九二〇年代の共和党政権下で産業ごとに事業者団[illegible]だ事情がある。

[illegible]に当たるものは、ゼネラル・エレクトリック[illegible]八七二～一九五七）が一九三一年九月に発[illegible]価格の安定と生産と消費の調整を目的と[illegible]をめざすコード（規約）を作成させる

[illegible]権をもたせるには、すべてのプロセスを公正取引委員会[illegible]よいとした。
[illegible]ス・プランでは、事業者団体が失業保険、老齢年金、労働者災害補[illegible]険などの包括的な社会保険制度を統括するものとされた。中心はあくま[illegible]事業者団体内部での生産の統制による生産と消費の間のバランスの確立」にあった。

このプランは政界、財界で激しい論議の的となった。合衆国商工会議所が年次大会でこのプランを承認し、事業者団体が生産を規制できるように、アメリカの反トラスト法を緩和するよう提言した。フーヴァーは即座にこれに反対し、ローズヴェルトはこのプランに好意的だったが、詳細は語らなかった。ニューディールが開始されてNIRAが立法化されると、ローズヴェルトは、こう述べて期待を表明している。「私がたった今署名したこの法律は、人びとが農産物や工業製品をもっと多く購入できて、事業をリーズナブルな賃金レートで再開することができるように、人びとを職にふたたび就かせるために、議会を通過した」。全産業で、「飢餓賃金と飢餓雇用とを生活賃金と持続する雇用に変える」ことは、全雇用主が遵守すべき産業契約によって実行される。そうすることで工場の「いわゆる過剰設備」も運用されるだろう。

「この法律の第一部はわが産業に今年の夏に数百万人を常雇いとして再雇用してもらうよう、大きな自発的協力を要請している。その理念は、雇用主が各労働者の週労働時間を削減することによって、すでにある仕事をさせるためにより多くの労働者を雇うことにあり、同時により短い労働時間にたいして生活できる賃金を支払うことである」。

「単一業種のいかなる一雇用主も、すべての雇用主より少ない彼らの集団も、自分だけでそれをやって競争で生き残りつづけることはできない。しかし、もしも各産業のすべての雇用主が今これらの現代のギルドで例外なく忠実に団結し、協調行動を直ちにとることに同意すれば、誰も傷つくことはないだろうし、きわめて長いこと彼らの額《ひたい》に汗した労働によってパンを稼ぐ権利を奪われていた数百万人の労働者も再び頭を上げることができるだろう」。

「私は、賃金の引き上げが実際上コストを引き上げることは十分承知しているが、しかし私は経営陣が、公衆の購買力の上昇によって期待される大幅な販売増加から、彼らの営業成績を改善できるだろうことにまず思い至ってほしいのだ。これらすべての努力の目的は、全体としてその膨大な消費潜在力を引き上げることによって、わが富裕なる国内市場を回復することなのだ。もしもわれわれが賃金の増加と同じ程度に大きく、速く価格をインフレートさせてしまえば、全計画がゼロになってしまう」(Presidential Statement on NIRA : To Put People Back to Work, June 16, 1933 in *The Public Papers and Addresses of Franklin D. Roosevelt* Vol. 2〔New York, Russell, 1938〕, pp.251-256.)。

これによって企業活動が上向きに転ずれば、今年第四四半期にも産業が黒字になる可能性もある、と彼は述べた。

政府主導の景気回復

ＮＩＲＡ的な計画化には第一次大戦中の戦時産業局の経験があった。「産業再建局」(ＮＲＡ)長官は、かつてそこで働いていたヒュー・ジョンソン(Hugh S. Johnson, 一八八二〜一九四二)である。

彼は軍用機に乗りこんで全国を回り、主要産業にこの実験への参加を呼びかけた。施策の中心は政府(＝産業再建局)と各産業間に結ばれる「公正競争規約」(コード)の遵守である。そこで最低価格や生産額、そして均一な労働条件を協定し、それぞれの規約に同意する産業には「反トラスト法」適用免除を認めた。したがってＮＩＲＡの根幹は景気回復を目的とした、政府主導下での「不況カルテル」だった。物価の全般的な低迷のもとで企業が投資のインセンティブを持ちにくいため、工業製品の物価を引き上げることで、景気回復の手がかりを得たいというのが新政権の意図だったろう。

同時に、NIRA第二部では公共投資を主眼とする「公共事業局」（PWA）が設けられ、徐々に財政支出をふやしていく。

競争を協調に置き換え、産業には公正な利潤、消費者には公正な価格、そして労働者には公正な賃金と労働条件を保証しようというこの計画はしかし、短命に終わった。新たな官僚機構にたいする多方面からの反撥、そして巨大企業による実質的な業界の支配、労働者にとっての不十分な保護規定などが一斉にNIRA批判となって飛び出し、ついには一九三五年五月に最高裁の違憲判決を受けて廃止された。

週四〇時間労働を基準に

NIRAの「政策の宣言」やローズヴェルトの声明などで強調されているのは、不況下で稼働率（設備利用率）を低下させている既存産業をフル稼働させるために、総需要（当時の言葉では「国民の購買力」）を増大させる必要があるという考え方である。大恐慌はそもそも過少消費が原因で起きたというのがニューディーラー主流の解釈だった。

この過少消費の原因のひとつが、労働者の交渉力が強大な資本にくらべてあまりにも弱い点だと思われた。そこで政府は労働者の賃金引き上げの方向が望ましいと判断し、労働者の交渉力を強化するためにＮＩＲＡ第七条（ａ）項によって団体交渉権などを法的に承認したほか、賃金をコストとしてだけでなく、「購買力」すなわち景気回復に不可欠の要素として評価した。労働条件は、最低限の条件を政府（ＮＲＡ）が全産業に適用する目的で作成し、それを各産業に承認させる形をとった。

その要点は、工場労働者について週三五時間労働（後に四〇時間）、オフィス労働者について週四〇時間、最低賃金レートは、地域・人口規模別に週一二～一五ドル、時間あたり四〇セント、ほかに一六歳未満の児童労働の禁止などである。恐慌下で労働時間がいちじるしく減少した機会をとらえて週四〇時間労働を基準にした。

ＮＩＲＡ第七条（ａ）項は、労働者が「自らの選んだ代表を通じて組織し、交渉する権利」をもつことをすべてのコードの要件としたが、代表選任の具体的方法や雇用主の組合承認・交渉義務は明記されていなかった。

蜜月関係の終わり

ＮＲＡ体制下での、政府による労働条件や価格・生産の均一な規制はどうしてもおなじ業種のなかの大企業に有利だった。また労働争議が頻発《ひんぱつ》し、景気回復よりも早いテンポで物価上昇が起きたため、まず中小企業からＮＲＡ反対の声が出はじめ、やがてしだいに大きくなった。

もっとも、恐慌による打撃の大きかった企業はコードを歓迎した。おなじ業種内部でも綿業では、老朽設備を多く抱え、労働コストの高い北東部のニューイングランドの綿工業がＮＩＲＡ的計画化を支持したし、少なくとも一時的にコードは、それら産業の衰退に歯止めをかける効果があった。綿布の平均価格は一九三三年のポンドあたり一七・五二セントから一九三五年の二八・七二セントに上昇した。逆にもともと政府規制に反対の、新興の南部綿工業は、価格・生産・労働条件の規制によって競争上の優位が減退した。また、この時期に南部で頻発した労働争議は資本家たちの反労働的姿勢もあって激しいものになった。

綿業労働者にとっては、コードは福音だった。彼らの平均労働時間はこの間に四一・四時間から三四・六時間へと減少し、実質時間賃金も三〇・〇セントから三八・三セントに増加した。ＮＩＲＡの違憲判決をみちびいたのがニューヨーク州の小さな食品卸加工業者だったことが象徴的に示したように、事業者団体主導による独占容認のコード体制は中小規模の企業には不利益だった。違憲判決によって「政府と産業との協力」関係の蜜月《みつげつ》も終わる。

NIRAの経済効果

わずか二年間という短期に終わったNRA体制は、不況にたいしてどのような政策効果をもったのだろうか。一九三三年六月から一九三五年五月までに卸売物価は平均で二三パーセントも上昇したが、これには通貨政策とNIRAの相乗効果が相当程度貢献したと考えられる。

ある学者の計算によれば、この間の名目通貨供給量の増加率が年率一四パーセントで、NIRAのコードの物価上昇にたいする寄与率がやはり年率一四パーセントなので、「コードはちょうど正確に通貨拡大分を無効化した」のだという（Michael M. Weinstein, *Recovery and Redistribution under the NIRA*〔North-Holland 1980〕, p.120.）。つまり、もしもNIRAによる物価上昇がなければ、景気回復のスピードは速まったのではないか、との見方である。この間に実質GNPは八パーセント増加しているので、失業者数が実際よりも一五〇万人ほど減少した可能性もある。

ただ、NIRAの効果は、数字にあらわれない部分も無視できない。鳴り物入りで全国を席巻したブルー・イーグル運動（政府ＮＲＡと契約した事業所には青鷲のマークをつける）は、投資の意志決定にさいして重要な物価上昇期待を高めることを通じて、景気回復に貢献した面もあろう。

また、全般的に一九三〇年代に失業者数が急激に減少しなかった問題については、別の側面も考慮する必要がある。

まず、景気回復の初期局面では、解雇されていた労働者よりも、半ばパートタイマー的に働いていた労働者をまずフルタイムに戻すプロセスがあったために、失業吸収が数字にあらわれにくかった。

次に、恐慌による生産の落ちこみの激しかった自動車、電機、機械、鉄鋼などは、不況下で合理化や、かなり徹底したリストラを行ったので、恐慌前ほど多くの労働者を必要としなくなり、その分、失業者吸収力が弱まった。

一九三四年までに主要工業国では、賃金レートが恐慌の最下底から持ち直す傾向にあったが、とくにアメリカでは時間賃金レートが一九三四年には一二四（一九二九年＝一〇〇）にまで回復し、国際連盟の報告は、「実質賃金が急上昇した唯一の国」だと指摘している。ＮＩＲＡの時期には、労働時間減少と賃金レートの増加によって、製造業は賃金コストの増加に悩み、失業吸収へのインセンティブをもちにくかったと思われる。ワグナー法（後述）の成立と、それにともなう組合設立ラッシュは、賃金の上昇圧力を一層強めた。

労働運動の激化

労働者の経済的・社会的地位を高めることは、一九三二年選挙当時からローズヴェルトの重要課題の一つだった。アメリカではヨーロッパ諸国にくらべて労働者の組織化は遅れた。その原因には開拓者魂やフロンティア的個人主義の影響があったかもしれない。一八八〇年代に創設された「アメリカ労働総同盟」（ＡＦＬ）は、熟練工を主とした職種横断的組合で、加入労働者は急激にはふえなかった。産業別組合やより急進的な組合をめざす試みも断続的につづいたが、長つづきしなかった。

とくに、一九二〇年代は全般的に保守的なムードが広がり、世論は組合運動にとって好意的でなく、就職にさいして組合加入を条件としないオープン・ショップという原則を全国的に広めようとする動きもあり、組織率は低迷した。

他方で、企業側はとくに大企業の場合、自前の福祉政策（健康保険、従業員代表制、保養施設など）を率先して行い、労働者の不満の吸収につとめた。これを「福祉資本主義」と呼ぶ。

恐慌下では、組織労働の側は組合財政の圧迫、うちつづく解雇によって組合自体が弱体化したので、運動も下火となった。企業の側も資金の逼迫《ひっぱく》から、福祉資本主義をつづける余裕も乏しくなったために、労働者の不満が蓄積していった。

逆に、ニューディールが開始されNIRAによって、労働者の団結権が認められる（NIRAの第七条（a）項）と、折からの物価上昇によって実質賃金が目減りしたこともあり、労働者の組織化運動が盛んとなり、賃金引き上げや組織化を目的としたストがふえた。経営者側はこれにたいして自前の会社組合（カンパニー・ユニオン）を設置する例が相次いだ。一九三五年四月時点で会社組合の三分の二はNIRA発効中につくられたものであり、労働組合員数の六〇パーセントにあたる二五〇万人が会社組合に組織された。

こうした労働運動の激化を背景にして、第七条（a）項の一層の明確化、実質化の方向で労働者の団結権と団体交渉権の法的保障がはかられていく。

所得再分配の実現

やがて一九三五年七月に「全国労働関係法」（通称ワグナー法）が制定された。この法律は、一九三四年秋の中間選挙における民主党の議席増と共和党右派の退潮という政治的背景のもとに、直接的にはロバート・ワグナー（Robert F. Wagner, 一八七七〜一九五三）らの都市的革新主義を代表する人びとの努力を軸に、ＡＦＬら労働界の援護も得て、大統領や政府をも抱きこむ形で成立した。

ＡＦＬは代表者会議の後にローズヴェルトに決議を送り、「いまや言論のときではない。状況は直接的かつ断固たる行動を求めている」として同法案の成立をうながした。他方産業界はこれにたいして猛烈な反対運動をおこした。ローズヴェルトが法案支持声明を発表したのは一九三五年五月であり、その直後にＮＩＲＡに最高裁の違憲判決が下され、法案成立の条件が整った。

この法律は、まず労働者の団結権・団体交渉権・ストライキ権を保障し、具体的方式として組合の代表権に多数決原理を採用し、労働者の権利を国家的に保障する機関として「全国労働関係委員会」（ＮＬＲＢ）に広範な権限を付与した。

また、成立の過程でかなりの議論が集中した雇用者の「不当労働行為」が五項目にわたって規定され、禁止の対象となった。それらは①法律で保障された権利を行使する被雇用者にたいする干渉、抑圧、強制、②労働組合の設立、活動にたいする支配、干渉、それへの財政的援助、③労働組合員の援助や妨害の目的で雇用条件に差別をすること、④この法律で認められた活動を行ったという理由での被雇用者の解雇・差別、そして⑤法律にしたがった被雇用者代表との団体交渉の拒絶である。

ワグナー法は、経済的には労働者に購買力を付与して国民所得の賃金部分を増大させ、所得再分配を実現しようと意図した。

「あなたの組合加入をお望みだ」

ワグナー法制定以後の労働運動は、法的保護と政府による道徳的支援を背景に未曾有《みぞう》の組織化の時期を迎えた。その過程はAFLの分裂のなかからCIO（後述）が生まれ、さらにCIOの組織的進展に触発されてAFLが内部改革を行いながら巻き返しをはかるというものであった。ストの件数もその前の時期をさらに上回った。

一九三五年一〇月のAFL大会では大量生産工業の組織化問題をめぐって、産業別組合を支持する少数派と反対する多数派の意見が対立し、少数派要求は結局否決されたために、「全米炭坑労組」（UMWA）のジョン・ルイス（John L. Lewis, 一八八〇～一九六九）ら産業別組合代表たちは同年一一月に「産業別組織委員会」（CIO。一九三八年に「産業別組合会議」〔CIO〕と改名）を結成した。

一九三六年大統領選挙にさいしてCIOは、ローズヴェルト再選のための支援団体を結成し、多額の選挙資金を集めた。このころ多くの組合事務所では、ルイスとローズヴェルトの写真がならんで飾られ、「大統領はあなたの組合加入をお望みだ」とのキャッチフレーズで運動が展開された。

ＣＩＯへの組織化はゴム産業からはじまった。一九三六年一月、オハイオ州アクロンのタイヤ製造会社の労働者たちは工場を占拠したままでストライキをつづけるという「座りこみスト」戦術をもって闘い、「全米ゴム労組」（ＵＲＷ）を結成してそれを会社に認めさせ、同時にＣＩＯに加入した。

一九三六年夏に結成された「鉄鋼労働者組織委員会」は一九三七年三月に、Ｕ・Ｓ・スティールとの正規の団体交渉関係の樹立に成功した。ローズヴェルトの再選が決まった一九三六年秋以降、座りこみストはデトロイトから、おなじミシガン州のフリントへと広まり、そこのゼネラル・モータースの工場で運動は頂点に達した。

一九三七年三月、ＧＭは全米自動車労組（ＵＡＷ）を単一交渉単位として承認した。おなじころ、一七〇件の座りこみストが労働者一六万七〇〇〇人を巻きこんで行われていたし、この年全体では四〇万人の労働者が参加した。

ＣＩＯは一五八万人の組合員を有する組織となり、後にＡＦＬの巻き返しによって全組合員数は一九三三年から四一年のあいだに一挙に三倍近くにまで増加し、八〇〇万人をこえた。組織労働者はこうして巨大企業支配にたいする「拮抗力《きっこう》」（ガルブレイス）を担う有力社会層になる。

一九三八年には、公正労働基準法が制定され、最低賃金と労働時間があらためて設定された。最低時間賃金は、全業種について八年後には四〇セントとなり、労働時間も三年後には四〇時間に統一された。

この法律とワグナー法とは、一九三七年のローズヴェルトによる「最高裁改革案」以降の雰囲気のなかで合憲判決が出され、アメリカの労働立法として定着の道を歩むが、一九四七年のタフト＝ハートレイ法によってワグナー法の「労働寄り」とみなされた条項が修正された。

3　失業者救済計画

全人口の一〇パーセントを失業救済

大量の完全失業者のみならず、時短や部分就業が広がっていたから、失業者や生活困窮者に生活扶助金を出したり、救済事業を行うことは焦眉《しょうび》の急だった。

ニューディールの最初の一〇〇日間に、「連邦緊急救済局」（ＦＥＲＡ）が救済事業をあつかう部署として設立された。長官となったハリー・ホプキンズ（Harry L. Hopkins, 一八九〇～一九四六）は、ニューヨーク州で救済事業局にいた人物である。

ＦＥＲＡは、連邦政府と州政府が協力する公的な失業救済プログラムである。ＦＥＲＡでは救済基準に最大限ナショナル・スタンダードを適用することと、政治的操作から自由であることをめざした。また、救済受給資格者は、失業者とその家族、および仕事があっても生活していくうえで収入が不十分である人とされ、人種、宗教、肌の色、市民権の有無、政治的党派による差別はされなかった。

このプログラムは、これまでおよそ政府事業へのアクセスを拒否されてきた数百万人の黒人が有資格者となった点で、画期的だった。救済の中身は、肉体的苦痛を防ぎ、最低限の生活水準を満たすに十分であることとされた。多くの地方住民の場合、飢餓を防ぐために食料が優先され、なお資金に余裕がある場合、他の必需物資が供給された。

ＦＥＲＡは、受給者のモラルと自分の決断による支出を尊重するため、現金給付が最大限追求されたが、当初は現物の場合が多かった。それはまた直接救済（無条件の給付）と仕事を行う対価としての救済（ワークレリーフ）の二本立てだったが、原則的にはアメリカ人の施しを嫌う点を考慮して、ワークレリーフを尊重した。

一九三三年一〇月に行われた救済状況調査によると、三〇〇万家族、一二五〇万人、全人口の一〇パーセントが失業救済に依存していた。うち、ニューヨーク、イリノイ、ペンシルヴェニア、オハイオの四州で三分の一だった。州の人口比でいうと、フロリダが四分の一、サウス・カロライナとウェスト・ヴァージニアが五分の一と高かった。

また、被救済家族は平均して通常の家族より多人数で、したがって、多くの子どもと高齢者が公的扶助に頼っていたと見られる。黒人は人口の一割だが、救済人口の六分の一だった。

惨めな冬

ＦＥＲＡの実行は地方にまかされたので、監督が必要だったが、その監督を行ったのが記者でもあった女性ロレーナ・ヒッコック（Lorena Hickok, 一八九三〜一九六八）だった。

彼女の報告によると、ニューヨーク州の八月の一家族あたり救済金は二三ドル。これだとほとんどが食費にまわってしまい、家賃は払えない。そこで、住宅からの追い立てがものすごい勢いでふえていた。

ある母親は二人の子どもにミルクをやろうとしていたが、ストーブ用のガスはとっくに止められていたし、借りた電気グリルはヒューズが飛んでいて使えず、家主は別の電気グリルを貸さない。その母親は鍋《なべ》の下で新聞を燃やしていた。

未婚者への給付はほとんどなかった。一人が仕事を持っていて、一部屋に同居する六人がその稼ぎでかろうじて暮らしていた女性グループの例がある。

仕事のない人びとは、とくに天気には敏感だった。彼らは暖かな春の日や酷暑の夏を待ち望んだ。秋は彼らを不安にし、冬の寒さを彼らは恐れた。一九三二～三三年の冬は猛烈に寒く、まったく惨《みじ》めだった。

四〇〇万人雇用計画

一九三三年の夏は、物価が上昇し、インフレを予感した人びとが先買いにはしった。マリナー・エクルズはその年の秋には「ローズヴェルト不況」が襲うのではないかと心配した。救済局の人びともそうした憂鬱《ゆううつ》な感情を共有していた。そこで彼らは大規模な緊急ワークレリーフ事業が絶対必要だと認識したのである。

ホプキンズらは一一月に市民事業局（ＣＷＡ）を設置する計画を策定し、一一月一五日までに二〇〇万人、一二月一日までにもう二〇〇万人を雇うという、とてつもないスケジュールを立てた。資金はＦＥＲＡと公共事業局（ＰＷＡ）、そして州地方政府から出資ということになった。

ＮＩＲＡによって設立されたＰＷＡは、長期を要する事業で緊急の救済には不向きだった。ＣＷＡは民間企業に発注することのない、政府が雇用主となる事業であり、仕事の中身は二義的だった。ビル、下水管、水路、焼却炉、橋などは除外された。労働時間は週三〇時間、労働者はＰＷＡ基準で賃金を支払われた。これは実際上、ＦＥＲＡがＣＷＡに変わったようなものだった。

一二月九日までに二三〇万人、一五日までに四〇〇万人が雇われた。一九三四年の一月のピーク時には四二六万四〇〇〇人の人びとがいた。二月には終了計画がはじまり、七月一四日にはＣＷＡが公式に終了した。仕事のない人びとのモラルは改善され、その冬には失業者たちの騒擾《そうじょう》は起きなかった。

総事業費は一〇億ドル、その四分の三が賃金で、購買力を支えるのに役立ち、一八万のプロジェクトは、五〇万マイルの第二級国道、四万の校舎の建築、ないしは改築、数千の遊び場、五〇〇の新飛行場、五〇〇の飛行場改修などをふくんでいた。賃金基準はとくに南部で企業や地主に不評だったので、三月には一律一時間三〇セントという低レートを最低賃金とした。

その後、FERAはCWAの未完のプロジェクトを継承し、FERA自体が終了する一九三五年夏までに、二四万プロジェクト、一三億ドルを使い、五〇〇〇の公共建築、二〇万マイルの道路、四万四〇〇〇マイルの国道、七〇〇〇の橋、九〇〇〇マイルの灌漑《かんがい》、干拓、二〇〇〇マイルの堤防、などをつくったほか、約二億ポンドの精肉、六〇〇〇万ポンドの野菜・果物の保存加工をし、さらに多くの衣類、マットレス、シーツなどを製作した。食料・衣料は救済家族に配給された。

就業促進局の新設

アメリカ人が伝統的に嫌うたんなる施しを避けるには、一九三五年時点でなお一〇〇〇万人と見積もられた失業者を分類してそれぞれのグループごとに対策をとる必要があった。およそ八割が雇用可能で、残りの二割が高齢、身体障害、子どもの世話のために働けない母親だと考えられた。後者はやがて社会保障法のもとで老齢年金や身障者向けの年金、子ども養育のための扶助制度によって救われるであろう。とすれば、八割の雇用可能者に対して仕事を提供することが連邦政府の責務だと考えられた。

当時議論された、連邦政府が景気回復をたすける方法には大きく二通りあった。ひとつは、重工業の投資回復が思わしくないので、鉄鋼、セメント、銅、木材、その他の基本的な資材の需要を喚起するような大規模プロジェクトが必要だというものである。

この場合には資材費用を高くすることに重点が置かれ、労働者はあまり雇わなくてもいいことになる。

いまひとつの議論はケインズ的な総需要不足に根因を見る議論で、必要な公共事業は短期の、資材コストに比して労賃コストを高めるようなものである。数百万人の失業者が仕事を得て、したがって大衆購買力が付与される。構想に時間がかかり、本格的なインフラを整備するPWAが前者の施策の典型であり、後者を体現したのが間に合わせ的プロジェクトが多かったFERAであり、CWAであった。

一九三五年四月の緊急救済支出法は、それまでのPWAやその他の新設の機構をふくめて、やや長期的な見通しをもった施策ができるようにしたものである。その秋から「就業促進局」（WPA）がホプキンズを長官として創設された。

この法案は議会審議のプロセスでいくつかの修正を受けた。その一つがAFLなどが強く心配した賃金レベルの問題である。そこでその事業の行われる地域の同種の仕事に支払われている賃金を下回らないこと、という内容の修正案が通りかけたが、財政支出の増大を恐れる政府側が反対し、結局、同種の仕事の賃金を減らすようなことのないように大統領が賃金を決定できるという形の妥協が成立した。

次に、電力など公益事業会社は、公的権力がさらにいっそう公共事業に参入するのを防ぐために、この法律のもとでの建設プロジェクトは直接労働費が最低でも五〇パーセントなければならない、との条項を入れるよう主張した。

ところが、この規定では、多くのＰＷＡ事業ができなくなってしまう。そこで、労働費は結局最低二五パーセントということで落ち着いた。

法案の成立後、ＰＷＡとＷＰＡのあいだで予算と事業の取り合いのような局面が出現したが、勝利を収めたのは、ＷＰＡの側であった。一九三五年末にこの法律のもとで約四二億ドルが支出されることになっていたが、ＷＰＡが二一億ドル、ＰＷＡへの補助は四・四億ドル、公共道路課に五億ドル、そしてＣＣＣ（市民資源保全団）に五億ドルという内容だった。一九三六年二月にＷＰＡは、三〇〇万人をこえる労働者を雇っていた。

民間賃金よりは低く、直接救済よりは高く

これまで見てきたように、ローズヴェルトは、連邦政府による大規模な公共投資を梃子《てこ》にして失業を吸収するタイプの政策には及び腰だった。そのイメージとは裏腹に、ニューディールは結果としてTVA（テネシー川流域開発公社）やPWAのような公共事業よりも、FERAやWPAのような救済事業（ワークフェア＝仕事を通じての救済と、ウェルフェア＝生活保護とのちがいはあるにせよ）に重点を置いた。

一九三三〜四〇年で見ても、後者の財政支出は前者のそれの二・五倍に達していた。図7を見れば、救済事業がニューディール財政支出のなかで他を圧倒して大きかったことがわかる。WPAは少ない原材料・資本コストでなるべく多くの労働者を雇うことを目標にし、不熟練労働者を中心に雇用した。手当はたんなる給付というよりも賃金に近い性格をもち、それだけ無償給付＝施し物との批判を和らげることができた。

一九三五〜四一年の一一四億ドルの支出のうち、七八パーセントが公的セクターの建設土木だった。道路関係が四四億ドル、五九万五〇〇〇マイルの追加、橋梁では七万五〇〇〇の新設、四万五〇〇〇の修理、空港では二五六の新設、三六五の修理、教育施設では五五八四の新設、三万一六二九の修理などである。残りの二二パーセントがコミュニティ・サービスと呼ばれる、さまざまな事業だった。

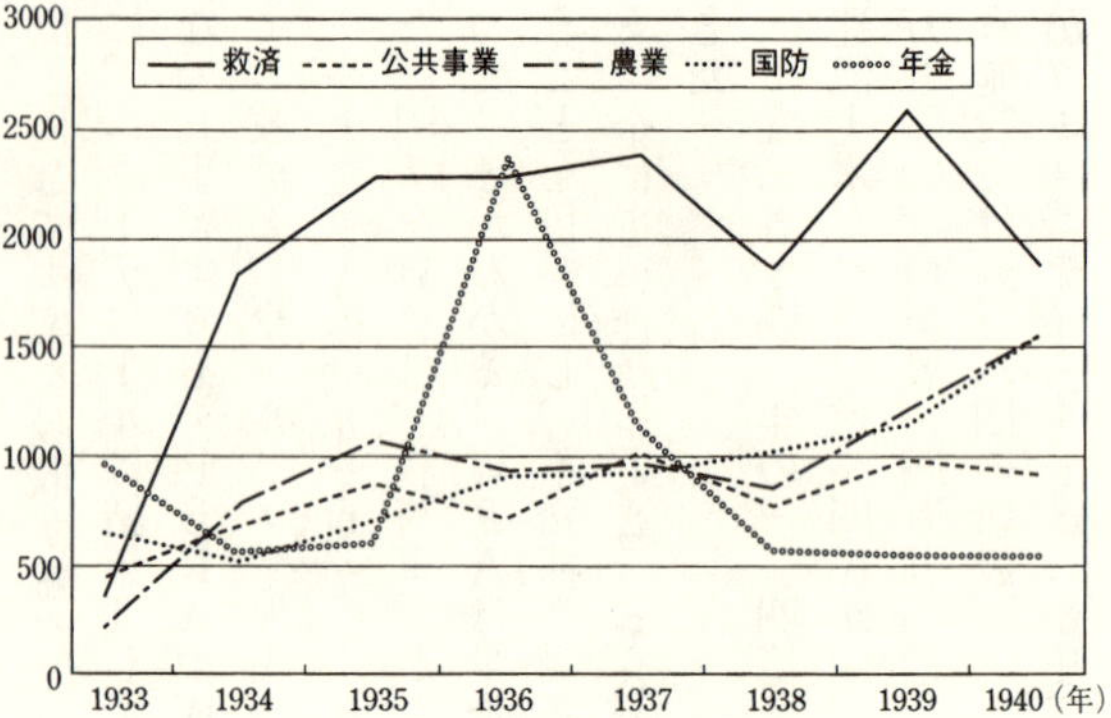

図7　主要項目別の連邦財政歳出

たとえば、三億点の衣類、五億七五〇〇万食の学校給食、八〇〇〇万冊の図書館の本の修繕、一四六〇の保育施設の運営、一五〇万人の大人の読み書き教育、家内サービス人の訓練、州WPAガイドの出版など。

労働者数はピークで三〇〇万人をこえたが、民間企業が景気回復によって復活すると減少し、一九三七～三八年恐慌時にはふたたび増加、その後は一九四一年六月の一三四万人まで減少しつづけた。たえず、失業者数の二〇～三〇パーセントを雇用していた。表1（八九ページ）の失業対策労働者数は各年の平均値だが、この表で修正失業率は、これら労働者を「就業人口」と見なした場合に、失業率が五～七パーセント減少することを物語っている。WPAには、絵画、彫刻、音楽、演劇、小説などのプロジェクトもあった。

このWPAの賃金支給の原則は「保障賃金」であり、その意味は民間賃金よりは低く、生活扶助などの直接救済よりは高いものであるべき、というものである。つまり、救済よりはWPAの職に就くほうを選び、かつ、WPAよりは民間企業のほうを選ぶというインセンティブを失業者にあたえるはずだから。

だが、地域ごとに民間賃金を下回る賃金レートを設定し、民間と競合しない事業を選択したとはいっても、大規模な救済事業の存在はそれだけで民間企業にとって脅威だったし、さまざまなあつれきが生ずるのは避けられなかった。議会ではたえず反ニューディール派による事業予算縮小の動きがあったし、季節的な労働力需要が発生する地域では、臨時農業労働者を確保するために農業経営者たちは、収穫期にWPAの事業を一時停止させるよう圧力をかけた。

これにたいして、PWAの場合には、一九三九年に平均で支出の三五・八パーセント（一二億ドル）が賃金支出、残り（二二億ドル）が資材だった。月ごとの雇用者数は最大で六三万人、ほぼ二〇万〜三〇万人が平均的に雇われていた。賃金レートは地域、熟練度によって民間賃金の最低額が支払われた。大規模ダム、灌漑施設、運河、国道、公共建築、教育施設などがつくられた。こちらは賃金の購買力効果を別にしても、建築産業を資材面から刺激し、ＷＰＡの多くの事業とともにインフラの整備による第三次産業への呼び水効果もあった。

二〇億本の植林

ローズヴェルトが開始したユニークなプロジェクトのひとつに市民資源保全団（ＣＣＣ）がある。これは自然資源の保護と失業救済の二つの目的に資するものだった。一九三三年の夏に間に合うように青年失業者の募集が精力的に行われ、七月には一五二〇のキャンプに二九万人が参加していた。ピークの一九三五年夏には五〇万人をこえ、常時三〇万人以上を雇用していた。

一年間一人を参加させるコストは一〇〇〇ドル、一九三三年から四一年までの総支出は三〇億ドル未満、年平均三億ドル前後だった。参加資格は男性、一八〜二五歳（後に若年化）、失業中で就学中でなく、未婚でアメリカ市民で精神的・肉体的に問題なし、最低六ヵ月働き、最低賃金の月二二〜三〇ドルを家族等にわたすこと、などであった。人種差別もなくしたので、参加者の九パーセントが黒人だった。黒人の多くにとってキャンプの生活レベルは高かったので、白人の二倍の期間、キャンプにとどまった。

事業の内容は土壌保全が最大だった。表土が洗い流された地域の水の管理のため制御ダムを造り、導水路を掘り、植林、段丘地造成、フェンス設置などにより、南部と大平原の二五〇〇万エーカーの土壌が保護された。植林も大々的に行われ、二〇億本の木が植えられた。四〇〇万エーカーの森林が間伐され、森林火災を防ぐ手だても取られた。キャンプやレクリエーション施設の整備も行われた。

参加者の健康状態がいちじるしく改善されたことが報告されたが、後に教育や職業訓練にも力が入れられ、キャンプには教室や図書室が備えられ一九四一年までに一〇万人の文字の読めない人びとが読み書きできるようになった。

物価上昇が運動を活発化

ニューディール開始とともに賃金よりも早く上昇しはじめた物価は、失業者、なかでも高齢者や老齢者の生活を直撃し、結果として、在野のさまざまな運動を活発化させた。

遅れていたアメリカの福祉国家への転換を用意した一九三五年の社会保障法を可能にしたのは、ニューディール開始後に活発化したルイジアナ州知事ヒューイ・ロング（Huey P. Long, 一八九三〜一九三五）の「富の再分配」運動、コグリン神父

(Charles E. Couglin, 一八九一～一九七九）の社会正義全国連盟、そしてタウンセンド博士（Francis E. Townsend, 一八六七～一九六〇）の老齢年金運動などの単一目標の実現を目ざした運動であり、それと連動した民衆運動の圧力だった。

政策形成過程での官僚の役割が今日ほど制度化されていなかった一九三〇年代のアメリカでは、大衆行動による議会への圧力は行政府の行動の成功の鍵となる場合があった。むろん、民衆の要求がそのまま政策として実現されたわけではない。ローズヴェルトや女性労働長官フランシス・パーキンズ（Frances Perkins, 一八八〇～一九六五）らは、行政の権限分散化の観点から州の自主性を認め、また連邦財政の健全化にいくぶんかでも逆行するような政策を嫌い、慎重な対応に終始した。

老齢年金は、連邦の一般財源からの支出はなく、もっぱら企業と労働者の負担金から支出されることになったし、保険料率も当初原案の賃金の〇・五パーセントから一パーセントに引き上げられ、一九四九年には三パーセントになるはずであった。三六年の社会保障税の徴収はかなりのデフレーション的効果を経済にあたえたし、それがすぐに再分配的効果をもつわけではなかった。

老齢者、障害者、児童らにたいする公的扶助は、前二者は連邦補助率が州支出金の半額、児童扶助（ＡＤＣ）は三分の一だった。給付額には州ごとのばらつきがあり、児童扶助の場合、マサチューセッツ州では月六一ドル、アーカンソー州では八・一ドルだった。失業保険も、州の強制保険制度を前提とした連邦補助の形をとったから、給付要件や給付額は州によっておなじではなかった。産業誘致に熱心な州は保険料も給付額も低く抑えたし、移動農業労働者や小企業労働者、そして家内サービス労働者は除外された。すべての州が給付を開始したのは三九年だったから、大量失業の即効薬とはならなかった。

社会保障面では全国一律の健康保険を制度化することができず、アメリカの社会保障制度の欠陥はそのまま残った。ローズヴェルトは健康保険を組み入れることでアメリカ医師会（ＡＭＡ）や保険業界などの反対が強まり社会保障法全体の立法化が不可能になることを恐れた。

黒人たちはなぜ民主党支持に転換したのか

保守的な南部民主党員がローズヴェルト政権の支持基盤の一翼を担っていて、彼らは議会でその数以上の権力を発揮していたから、ローズヴェルトは「反リンチ法」のような正面きって黒人の権利を擁護するような立法への支持をあたえることには尻込みした。不況下で失業者がふえ、仕事をめぐる人種間の緊張が各地で高まり、それまでは「黒人の仕事」だった料理人、ウェイター、ベルボーイ、ガソリンスタンドの修理工、メイドなどに白人が侵入してきた。

二〇年代には鎮静気味だった黒人にたいするリンチもふえた。NIRAやワグナー法は家内労働者や農業労働者を適用除外としたが、それはあたかも黒人を法律の適用から排除するかのように見えた。AAA体制下の南部でプランテーションから追い出されて路頭に迷った小作人の多くは黒人だった。

黒人の公民権を承認する方向での立法措置はなかった。だが他方で、大統領夫人エレノア・ローズヴェルト（Anna Eleanor Roosevelt, 一八八四〜一九六二）は黒人の権利向上にたいする深い理解者となったし、連邦政府で働く黒人の数は一九三〇年代に三倍になった。「農場保障局」（FSA）の事業は相当数の南部黒人に恩恵をあたえた。

ローズヴェルトが後に評判の悪かった「再編案」で一戦をまじえた連邦最高裁には、彼の任期中に多くのリベラルな判事が任命され、彼らは戦後の公民権判決で歴史に名を残すことになった。全体として、ローズヴェルト政権はそれまでの共和党政権よりもはるかに黒人に同情的と見られたため一九三六年大統領選挙を境として、それ以降黒人たちは民主党支持に転換した。

経済ナショナリズムの修正

自由主義者で有名なコーデル・ハルを国務長官に任命した時点からローズヴェルト政権の互恵通商協定法（一九三四年六月制定）に向けた努力がはじまった。対立する意見をもつ人びとを政権内に抱えて緊張した意見交換のなかから政策を生み出すというのがローズヴェルトのやり方であり、通商政策についても、ハルと、ジョージ・ピーク（George N. Peek, 一八七三〜一九四三）の対立があり、ピークはイギリスが保護主義に転じた以上、アメリカも管理貿易的な、つまり条件付きの最恵国待遇政策を双務主義的に追求すべきだという立場だった。

しかし、もともと政治的に共和党側だったピークは政権内からあまり支持されず、一九三五年に閣外に去った。

アメリカ政府は初期の経済ナショナリズムをしだいに修正して、多角的互恵主義に近づいた。アメリカはイギリスの双務主義的傾向に反対し、帝国特恵についても不快感を表明した。その後両国は、世界経済会議で合意に失敗した通貨安定について交渉を重ね、一九三六年九月に、フランス・フラン救済の役割をもった三国通貨協定にこぎつけた。アメリカとイギリスの通商交渉は一九三六年末ごろから開始され、一九三八年一一月に米英通商協定が締結された。アメリカは一九三九年一一月に中立法の改正を行い、イギリスにたいする財政的・軍事的支援を行うことを決めた。

互恵通商法のもとで、アメリカは各国と通商協定締結の努力を行い、三九ヵ国との協定に成功した。政治的には、一九三六年の大統領選挙で共和党が相変わらず高関税政策を標榜したために、輸出の減少に悩み、貿易の拡大を望んでいた企業から共和党はそっぽを向かれることになり、その面からローズヴェルトの再選に貢献した。

4　消費者意識の芽生え

不況期こそ改革のチャンス

近年のアメリカにおける消費者資本主義にかんする研究は、リザベス・コーエン(Lizabeth Cohen)に典型的なように、好況の一九二〇年代よりも不況の一九三〇年代において消費者の視点や利害が本格的に追求されたことを重視している(Lizabeth Cohen, "The New Deal State and the Making of Citizen Consumers," in Susan Strasser, et al. eds., *Getting and Spending : European and American Consumer Societies in the Twentieth Century*〔Cambridge U P, 1998〕, pp.111-112.)。

たしかに、一九二〇年代は「アメリカのビジネスはビジネス」といわれたような企業家の時代だった。恐慌がアメリカ資本主義の内在的なアンバランスを白日の下にさらしたとき、多くのインテリ・エリートはまずもって景気回復のために必要な大衆購買力の必要性に気づき、次にそれらがじつは「公益」でもある消費者の観点をより強く意識し、政府の機構や経済運営にそうした視点が反映されることが、ほかならぬ資本主義そのものを強化する道であることを認識していく。

私見によれば、ローズヴェルト政府内外で「消費者の視点」が意識された理由の一端は、同時代のヨーロッパにおけるナチス的資本主義再生の試みとの差異化をはかるためだった。

ドイツにおいては、消費ブーム的な景気回復が見られたのは、ヒトラーの政権掌握後ほんの一〜二年であり、その後は政府が許容する範囲内に個人消費が押しとどめられ、しだいに軍需主導の「蓄積のシステム」が優越していった。

逆にローズヴェルト政府内外には、どんなに非効率に見えようとも、個人が選択の自由をもつ消費活動を政府が尊重する姿勢を示さなければ、本当の意味で市民個人が未来を託すことのできる資本主義は再生しないだろうとする見解が有力であり、不況からの脱出という課題を背負った一九三〇年代は改革のチャンスだとも見られたのである。

ニューディーラーの多くが経済の需要面、つまり大衆購買力を引き上げることこそがアメリカを恐慌から脱出させる最良の政策である、との解釈をもっていたことからすれば、その命運をになう消費者がニューディール政策実践のなかで大事にされていたことを再評価していい。

産業、労働、農業の均衡

たとえば、ローズヴェルトの「ブレイントラスト」といえば、真っ先に名前の出てくるコロンビア大学教授タグウェルは、フーヴァー政権時代、この大統領の不況対策が失敗した原因は、彼がレッセフェール的アメリカ体制とビジネス社会に信を置きすぎたためであり、むしろフーヴァーはビジネスの支配を弱めて、社会の他の集団の影響力を増大させるべきだったと考えた。その現実的方法としては、大衆購買力を回復し、産業、労働、農業の間に均衡をもたらすことだと考えていた。

タグウェルによれば、一九二〇年代が進むにつれ、生産される財貨にたいして消費者が買うことのできる部分が縮小してしまった。工業生産が急激に増加しても、それにともなう購買力の増加がなければ、製品は売れない。しかも、経営者たちはそういう状況にたいして利潤や価格を下げることをせずに、労働者を解雇することで対応した。

失業が増加し、購買力は縮小し、「らせん的下降」がはじまった。さらに悪いことに、もともと過大投資や投機にはしっていた銀行が融資の返済を要求しはじめ、商業信用の息の根を止めてしまった。「融資が止まり、生産が制限され、失業が増加した」。こうした状況にたいする「唯一可能な救済策があった。消費者の購買力を再確立すること」である（Michael V. Namorato, *Rexford G. Tugwell : A Biography*〔Praeger, NY 1988〕, p.61.）。農業生産も消費者需要に応じて調整する必要がある。

タグウェルは、ＡＡＡが計画段階にあった一九三二～三三年当時、農業計画化の熱狂的な支持者だったが、同時に最初から「消費者の保護」をローズヴェルトよりは明示的に主張していた。

それはなぜか。タグウェルは、一九二〇年代の事業者団体運動をある程度は評価しつつも、企業家たちが自らの権限を乱用して責任を受け入れようとせず、その結果物価を引き下げて賃金を引き上げることに失敗したと見たからである。そこで、労働者や消費者のチェック機能をもった政府機関が企業家の生産活動に介入すべきだと考えたのである。

彼の計画化の中心となるのは、連邦経済評議会であった。この評議会では専門家が消費者の購買力を測定し、それに応じた生産を行うこととされていた。

消費者諮問委員会の設立

一九二〇年代までにアメリカでは生産者の側は事業者団体を組織しており、労働者はなお少数派ながら労働組合をつくり、農民もいくつかの農業団体に組織されていた。ところが、消費が経済活動の不可欠の要素となったとはいっても、消費者が団体をつくって議会や議員に圧力をかけるというところまでは行っていなかった。

中産階級の女性たちを組織した「全米消費者連盟」（NCL）のような団体活動もあったが、名称とはちがって、労働の現場の諸条件を改善することが主たる関心事で、固有の消費者利害を追求したわけではなかった。フーヴァー政権下で関税委員会に消費者評議会を設けようとした提案は通らなかった。

したがって、ニューディール下でNRAのもとに産業、労働とならんで消費者諮問《しもん》委員会（CAB）が設けられたことは画期的なことだった。ただし、この委員会は消費者の利害を代表して諮問評議会を通じて、あるいは公聴会などで意見表明することはできても、政府と企業とのあいだの公正競争規約の作成に直接かかわることはできず、要請があった場合にのみ規約当局の会議にオブザーバーとして出席して意見を述べることができた。

委員会はやがて公正競争規約（コード）にたいして消費用財貨の品質レベルの進歩についての規定を盛りこませるには、一定の準備が必要だと認識し、かの社会学調査（『ミドルタウン』）で有名なロバート・リンド博士（Robert S. Lynd）を議長とする検討委員会を設置した。しかしこの委員会は明瞭な職責をあたえられた正規の委員会ではなかった。

他方で、一九三三年一一月にはニューディールのさまざまな臨時機関のあいだの調整を行う組織として、全国緊急評議会（NEC）がつくられていたが、そこに消費者部が設置された。NIRAが違憲判決を受けた一九三五年七月、かつてのNRAの消費者諮問委員会、NECの消費者部、価格政策のための内閣委員会が統合されて、まもなく廃止されるNRAのなかに消費者部がつくられた。

当時の理解では、消費者の利害の十分な保護とは、農場や鉱山からはじまって通常消費財と呼ばれる最終製品にいたるまでの範囲の商品の生産と分配のプロセスをすべてチェックすることを必要とした。

NRAのコードでは、最低価格の保障とか、価格固定につながる内容が多かったので、消費者サイドからの注文は不可欠だったはずである。とくに、製品価格算定の根拠とされたコストの算出についてはデータが乏しいために問題が多かった。ＣＡＢが主張したように、もしも固定価格が過剰設備、非効率、ないしは時代遅れの企業を保護するというのなら、それは消費者にとって公正とはいえない。

消費者の利害という視点

農業調整局（ＡＡＡ）に設置された消費者諮問課は、ニューディール機構のなかではもっとも消費者利害の主張に成功した機関である。フレデリック・ハウ(Frederick C. Howe, 一八六七～一九四〇)が初代の課長だったが、彼は情宣活動につとめ、一九三三年九月から月二回の定期刊行物『コンシューマーズ・ガイド』の発行をはじめた。とくに農産物出荷プログラムに関連した分野で消費者利害代表の機能を発揮した。この雑誌はしだいに消費者一般の利益とは何かという問題にも取り組みはじめた。

一九三四年七月九日号は「原材料の生産者である農民は人びとの消費する力に依存している。同様に、消費者は農業の持続する生産力に依存している。消費者と農業の共通の利益は、利害の差異をはるかに越えるものである」と述べているが、これなどはタグウェル的理念の表明ともいえる。

ニューディール下での消費者利害の問題をまとめたパーシャ・キャンベル（Persia Campbell）は、最近まで消費者運動は中産階級的生活態度を表現するものだったが、しだいに都市の中産階級や中西部農村の組織農民のあいだで消費者協同組合が拡大しつつあると述べている（Persia Campbell, *Consumer Representation in the New Deal*〔Columbia U P, 1940〕, p.274.）。しかも、救済事業拡大の副産物として、消費者意識や組織活動は中産階級を越えて賃金労働者にも浸透しているとしている。ちょうど中産階級の消費者意識が「賢い消費」や「消費者はこれを知りたい」あるいは「価値あるお金の使い方」だったように、救済資金をもらった人びとはそれらの「賢明な使い方」に関心を寄せるプロセスで、彼らが消費者としての力をもつことをしだいに自覚していった。

こうしてニューディールの下では、消費者の利害を制度的に支える努力がはじめて意識的に追求され、短期的成果が限定されてはいたものの、政治の場における投票する市民と市場における消費者の立場とが並行して語られる日は遠くなかった。

本章では、大恐慌の惨状にたいしてローズヴェルトやその他のインテリたちがどういう理念のもとに、ニューディール政策を打ち出していったかを見てきたが、第五章では、こうした政府の経済政策が民間の経済活動とどういう連関にあるか、という問題をふくめ、当時形成されつつあったケインズ的経済政策論と大恐慌、そしてニューディール、さらには日本の一九三〇年代の問題にもふれて、分析を深めていきたい。

第五章　ケインズ理論への道

1　ケインズが見た世界大恐慌

経済学者ではなく数学者

ケインズ（John M. Keynes, 一八八三～一九四六）は、一九三三年のロンドンでの世界経済会議ごろからニューディールの「実験」を注意深く見守っていたが、一九三四年五～六月にコロンビア大学の招きでアメリカを訪れた。彼はニューヨークとワシントンを中心に三週間滞在し、政財界の人びとや経済学者と広く意見を交換した。

ケインズはローズヴェルトとも一時間会見した。会見後大統領は会見をアレンジしたフランクファーター（Felix Frankfurter, 一八八二～一九六五）にたいしては、「私はケインズと全般的な話をしたが、彼をとても好きになった」と述べたが、労働長官のパーキンズにたいしては、「彼は煩瑣《はんさ》な数字ばかりを残していった。彼は経済学者でなく、数学者にちがいない」と語ったという。ケインズのほうは、おなじパーキンズにたいして「大統領はもっと聡明だと思っていたが、いやむろん経済学的な意味でだが」とのコメントを残した（Herbert Stein, *The Fiscal Revolution in America*〔Univ. of Chicago 1969〕, pp.150-151.）。一九三四年六月のローズヴェルト宛の公開書簡でケインズは、一ヵ月あたり四億ドルの赤字支出が、「乗数」効果によってトータルではその三〜四倍国民所得をふやす、と述べている。おそらく会見でケインズはこの乗数の説明をしたのだろう。

本章では、ニューディールとケインズの政策論との関連をたどっていくが、右のエピソードでも示唆されているように、ケインズはニューディール開始から世界経済会議破綻を経由してドルの切り下げにいたるまでの物価引き上げ政策にたいしては、理論的にはともかく（貨幣数量説的に、通貨をふやして物価を上げるのでなく、消費購買力の増加を通じて物価を引き上げるべき）、政策自体については支持していた。

だが、個別の政策では、AAAに見られる農業経営者救済の方向はまだしも、NIRAの価格固定や官僚的規制にはケインズは賛成できなかった。当時からすでに多少は行われていた救済や公共事業の財政支出のレベルを格段に引き上げる（公債発行による赤字支出が望ましい）ことがアメリカの景気回復には必要だというのが、ケインズの立場だった。

ただ、イギリス本国やヨーロッパ諸国とくらべれば、いろいろな「実験」を試みているニューディールは、それだけで革新的なものに映ったし、ケインズから見てもっとも期待のもてるシステムだった。ケインズからの直訴には懐疑的だったローズヴェルトが、アメリカ国内のケインズ主義者たちの説得を受けて宗旨替えをするには、大恐慌からの回復過程におけるいま一度の景気後退の経験が必要だった。

国内外の債務をどう救済するか

最初に大恐慌下におけるケインズ自身の理論の枠組み（フレーム・オブ・リファレンス）を見ておこう。両大戦間期の世界経済を債権債務関係で見ると、アメリカが第一次大戦中にヨーロッパ諸国の国債を大量に引き受けて史上はじめて債権国になった一方で、イギリスやフランスはアメリカにたいしては債務国、他のスターリング圏諸国や後発国にたいしては債権国、ドイツによる賠償支払いを債務と考えれば、両国ともにドイツにたいしては膨大な債権国だった。そしてカナダ、アルゼンチンなど第一次大戦後に農産物輸出を急増させた後発国は、先進各国にたいして一律に債務を負う構造だった。

そこで、アメリカはヨーロッパ、ラテンアメリカにたいして資本輸出を行い、これら諸国の国際収支赤字の軽減につとめたのである。ところが、一九二〇年代後半のアメリカ証券市場の過熱化とその後の恐慌が、この大量の資金移動を停止させ、ついには資金の流れを逆転させてしまった。しかも、アメリカを主とする資本輸出は、公共事業、企業の合理化投資などを通じて資本輸入国の消費を刺激したから、復興ままならないヨーロッパ諸国は、国内の消費が生産を上回る形となった。

他方でアメリカ国内では農村を中心に都市住民をもふくむ債務構造が一九二〇年代のブームのなかで形成されつつあった。

こうした事情は一九二九年大恐慌の開始とともにはじまった激しいデフレーション=物価下落によってますます強まり、世界経済的には債務国救済、国内経済的には農村を主とする債務者救済が政策課題となり、それに適合的な経済学がケインズによって用意されつつあった。

今日のIMFとの共通性

ニューヨーク証券取引所の暴落後一年以上たった一九三一年一月、ケインズはイギリス労働人口の四分の一に達する失業の重大性を述べ、「困難が世界的なものであり、独力での解決が不可能」だと述べ、同時に公共支出など可能なことはやるべきだ、としている。

ケインズが恐慌下のアメリカについて意見を表明したのは、彼が一九三一年五～七月にハリス財団のシカゴ・コンファレンスに出席するために訪米したときである。財団で催《もよお》された講演で国際的な行動についてケインズはこう述べている。

まず国際的な融資の問題がある。私の判断では、債務諸国の大多数の金融を救うに十分な速さでは原材料価格は上昇しないと思う。すると、債務国は輸出産品の価格下落によって部分的にか、全面的にかは別としても債務不履行に追いこまれてしまう。この債務不履行は国際的貸借関係を中断し、価格の再上昇がはじまるころには国際関係のゆがみを恒常化させる危険がある。そこで、むしろ現在、この債務不履行を防ぎ、物価が反転上昇するための時間を十分に見れば、深刻な破綻が防げるかもしれない。それは債権国の利益にもなることである。

たとえば、多くの国が参加して中央銀行のイニシャティヴのもとでクレジットのプールを作り、さらに貸付国と借入国の間を仲介して貸付国にたいする保証と借入国にたいする援助を行うなら、破産予備軍的な多くの債務国を救うことになろう

(Donald Moggridge, ed., *The Collected Writings of John Maynard Keynes.* Vol. 20 : Activities 1929-1931.〔MacMillan 1981〕, pp.540-541.)。

この提言は、開発途上国の債務危機にさいしての今日のIMF的解決策と共通するものである。

物価水準の暴落はなぜ起きたか

イングランド銀行顧問のスプレイグ博士(Dr. Sprague)が、(工業製品価格と原材料価格の)不均衡調整のためには、工業製品価格をむしろ引き下げるべきではないのか、と提言したことにケインズは猛反撥した。一般的に社会的安定と協調のためには物価上昇の方が望ましいとされる。もしも賃金俸給を引き下げて「均衡」を回復しようとすれば、債務に悩まされている世界にまた一つ負担が加わることになる。債務は国によって異なる。イギリスでは第一次大戦時の戦債、ドイツでは賠償金、債務国と債権国の間の負債関係、アメリカでは農民の抵当と不動産融資である。そもそも物価の上昇と企業利潤の回復とは、投資の回復というおなじプロセスの表現である。

投資を刺激して物価を引き上げるにはどうしたらよいか。

まず需要を回復させなくてはならないが、それには二通りの方法がある。一つは、個人が貯蓄を減らして消費支出をふやすことだ。いま一つは、設備投資により多く支出することで需要を増加させることだ。

とくに、ケインズの見るところでは、アメリカで建築や住宅建設回復の障害になっているのは、「信じがたいほど高い」利子率である。この利子率を十分に下げることができれば、やがて建設、輸送、公益事業のための貸付需要が増加するであろう。

むろん、ケインズは戦債の大幅削減をも提言した。そもそも世界物価の大幅下落を引き起こした張本人は国際金本位制だ。金の圧倒的部分がアメリカとフランスに集中してしまっているのに、一九世紀のイギリスとは異なって、それらの国々の資金が海外投資に向かわない。これこそが世界物価水準の暴落を引き起こした主な原因である(*Ibid.*, pp.544-553.)。

金本位制からの離脱を唱える

一九三一年九月のある演説でケインズは、恐慌にたいする処方箋を以下の五項目にまとめている。

1　戦債と賠償の廃棄。
2　すべての債務国の債務を外国通貨建てで三年間支援する。
3　公共事業に融資するための国際資金の大プール。
4　すべての国が低金利政策をとる。
5　すべての国が大公共事業を実行する。

ケインズは一九三一年九月のイギリス金本位制停止の直後、その決定を支持し、この後は、貿易と通貨価値の変動を通ずる「競争上の不利益」が金本位制にとどまっている国に集中するだろうこと、したがって世界経済と世界の景気回復のためにフランスや、とくにアメリカがイギリスにならって金本位制を離脱する必要を訴えた。

彼は翌年ドイツを訪れたときにも、ドイツがなるべく早く金本位制離脱国の仲間入りをするよう説いている。イギリスが自分の力だけでは恐慌脱出が困難であることは明白であり、そのためケインズの議論には最初から「国際的パースペクティブ」がともなった。

一九三二年一月のある講演でケインズは、現在の世界は金本位制を離脱した諸国のグループと、金本位制にとどまっている諸国のグループの二つにわかれていると述べ、後者のグループが金本位制を離脱することが経済均衡を回復する方策の第一歩だと述べている。

世界金融恐慌が本格化してしまったあとは、むしろイギリスの指導のもとに、世界各国が資本投資の拡大と物価引き上げに向けて一致して行動するしかないだろうと示唆した（Donald Moggridge, ed., *The Collected Writings of John Maynard Keynes*. Vol. 21 : Activities 1931-1939.〔MacMillan 1982〕, pp.39-48.）。

債権国が一体となって

一九三三年四月にケインズは債務国と債権国間の再調整を提言した。債務国と債権国間の緊張を和らげることなしに世界価格や世界貿易の回復を期待することはできないと彼は説いた。そのための方策の選択肢としては、

1　これまでの方式での国際間貸借の更新。

2　国際間債務の全般的清算。

3　債権国が自国の輸入をふやし、したがって弱小国の購買力を増加させるほどの規模で国内赤字支出を行うこと。

がある。

ケインズは第一の方策は問題にならないとしてしりぞけたが、アメリカは第三の方策を採りそうもないと彼は考えていたから、やはり債権国が一体となって複数の債務国にたいして融資を行うような第二の線に沿った方策も捨てきれないとしている。

一九三三年六〜七月の世界経済会議にさいして、ケインズは「物価水準の回復が根本的な仕事であること」を会議が忘れないでほしいと注文をつけた。

では各国間の為替レートの安定をどうするか。ケインズはアメリカが自国の物価を引き上げる目標に向かって進んでいるので、為替安定がその目標にとってマイナスの効果をもたないように配慮すべきだと考えた。これから先二年間くらいは物価の変動が大きいだろうから、その間は中央銀行どうしが仮の為替安定レートを設定し、物価の変動にともなってそのレートを（たとえば米英間で）微調整していくような形はどうかと提言している（*Ibid.*, pp.187-189.）。

ローズヴェルトが世界経済会議の開かれているロンドンに向けて「爆弾声明」を送って、この会議を実質的失敗にみちびいたことはすでに述べた。ケインズは国内物価引き上げを優先して為替安定を先送りにするローズヴェルトの決定を支持したが、それまでのケインズの見地からすれば当然だった。

彼はむしろフランスなど金ブロックの国々が景気回復の手段として拡大的政策に何らの信をいだいていないこと、もっぱら「信頼の回復」だけを主張することを批判した（*Ibid.*, pp.273-277.）。

ともあれ、世界経済会議は成果なく終了し、これ以降一九四四年のブレトンウッズ会議まで世界の諸国が一堂に会することはなかった。ケインズは、最初から六六ヵ国全部が加わって意味ある提案をすることは無理なので、主要国代表から構成されるワーキング・グループのような段階で素案を練り、それを全体で検討するような形式が良かったのではないかと述べている。じっさいこれは後の準備会議で行われることになろう。

国内債務者の救済

一九三二年四月、当時まだニューヨーク州知事だったフランクリン・ローズヴェルトは、大統領選挙予備選挙の渦中のラジオ演説で、三つの経済施策を発表した。

1　国民の半数近くを占め、経済におよぼす効果の大きい農民の購買力を回復すること。

2　地方の小さい銀行や融資会社を助け、自宅所有者や農地所有者を抵当解除から救うこと。

3　互恵主義の下で関税を改訂すること。

このニュースを伝えたある新聞の記者はこう付け加えている。「一つの事実は明らかだ。すなわち、農民たちは他のすべての人と同様に今日ますます高価になってきた貨幣でその債務を返済しているということだ。それを救済する一つの方法は——危険の多い方法だが、フランス、ドイツ、ロシア、日本、イタリア、イギリスがいくつかの経路を通して実践した——通貨をインフレートさせ、貨幣を安価にすることだ。われわれはそこに辿《たど》り着いて当然だろう」。ローズヴェルトのあげた救済対象の国民は「債務者」的立場にある人びとでもあった。

ローズヴェルトが政権についた一九三三年四月ごろには、ケインズが主張していたような主要国同時的な経済拡大政策の実践にたいして一定の支持が見られると同時に、当面の難題である物価の急落にたいする多角的な取り組みにたいしては広範な支持があった。

しかし、ニューディール初期のローズヴェルト政府内外での通貨拡大論者の影響のすごさに気を取られていると、ケインズ主義的な議論をする人びとが、やはりある一定の影響力をもっていたことを見逃してしまう。

価格の硬直性を問題に

そのひとりがラッセル・セイジ財団の消費者クレジット調査部にいた経済学者のレオン・ヘンダーソン（Leon Henderson, 一八九五〜一九八六）である。

一九三三年末、産業再建局（ＮＲＡ）の規約作成について、消費者的立場をとる人びとから批判が相次いでいたため、長官のヒュー・ジョンソンはヘンダーソンをＮＲＡのスタッフに迎え入れて対処しようとした。

ヘンダーソンは調査計画部の部長に任命され、ほかの有力スタッフと協力して、一九三四年六月にオフィス・メモ二二八号を発行した。その内容はＮＲＡのコードを、競争を抑圧するのでなく刺激するように改訂すべきだ、というものだった。

もともと消費者の利害に敏感で、競争促進的な見解の持ち主だったヘンダーソンは、とくに、価格固定にたいしては明瞭な反対規定を盛りこむべきだとした。ヘンダーソンは、一九三五年にも報告のなかで、価格競争のあるセクターでは生産も流通も維持され、雇用が維持されていることに注目し、ＮＲＡの政策の結果としてセクターによっては価格の硬直性が増大して、雇用拡大にマイナスの影響をあたえていることは大きな問題だと指摘した（William J. Barber, *Designs within Disorder : Franklin D. Roosevelt, the Economists, and the Shaping of American Economic Policy, 1933-1945*〔Cambridge U P., 1996〕, p.64.）。

ヘンダーソンはやがてＷＰＡのホプキンズの経済諮問官となり、消費者需要を刺激するために財政支出を拡大すべきだとするケインズ的政策をローズヴェルト政府内で主張する有力な閣僚となる。

「連邦収支赤字とは結果である」

地方出身者でケインズ的な議論を展開していたのは、ユタ州のモルモン教徒で銀行家のマリナー・エクルズ（前出）だった。

大恐慌下で銀行をどう存続させるかで奮闘していたエクルズには、「デフレ圧力のなかで融資や証券を預金者の要求に応じる形で清算を行うことが、かえって物価を押し下げ、債務者の返済をよけいに困難にしているのではないか」との疑問が念頭から去らなかった。

彼は大恐慌下のユタ州での講演で、伝統的な自由主義的景気政策を批判し、均衡予算主義を批判し、より大きな支出の必要を訴えていた。

彼によれば、「連邦収支赤字とは国民所得減退の原因ではなくしてそれが低下した結果である。したがって財政支出は減らすのではなく、ふやすべきである」。

彼の名はやがてワシントンの人びとに知られることになり、エクルズは一九三三年一一月にタグウェルと会見する。エクルズは当初は財務省の通貨部の特別顧問だったが、一九三四年末に空席のできた連邦準備理事会の議長におさまった。

エクルズは政府に「経済の補整者的役割」をさせるべきだと論じた。デフレの時には予算を赤字にし、活況の時には黒字を生み出すべきである、と。一九三七～三八年恐慌が起きると、エクルズは、政府内で頻繁に開かれていたケインズ的支出論者の非公式会合の中心人物となった。

ハーバードよりも連邦準備理事会

同じころ、ハーバード大学が当時反ニューディール派の拠点だったためにテニュア（終身在職権）をとれなかったニューディール支持者のラウチリン・カリーが一九三四年に財務省の調査部にいったん職を得たあと、一九三四年末にはエクルズの招請により連邦準備理事会調査部に配属された。

しばらくのあいだ、彼は刊行された博士論文「合衆国における通貨の供給とコントロール」をもとに、連邦政府支出の所得増大効果についての統計確定の作業をつづけた。

彼は連邦準備銀行による通貨供給量コントロールの有効性に着眼し、大恐慌にいたる過程で連銀が十分な拡大策をとれなかったのは、政策と実態とのあいだの密接な連関についての認識が浅かったためだと考えた。

連銀は統計把握の誤りから、一九二九年までの通貨供給の増加を過大評価し、その結果としての信用抑制策が景気を悪化させた。また、一九二九年から三一年までの縮小を逆に過小評価し、その結果、買いオペレーション政策にさしたる重要性を見出さなかった。

カリーは、通貨供給量を政策決定の重要な要素と認めながらも、同時に通貨供給一元論の枠にとらわれることなく、経済を有効需要の観点からとらえる視点をもち、なかでも投資決定におよぼす利子率の役割を重要と考える点で、ケインズおよびその後のケインズ経済学と同じ地平に立っていた。

彼はやがて「一国の購買力にたいする連邦政府の純貢献」と呼ばれる算式によって

連邦財政と国民経済の関係を定式化しようと試みた。この定式化は一九三七～三八年恐慌の分析に役立った。こうしたカリーの努力はエクルズやホプキンズら財政支出論者の発言力を強めた。

ローズヴェルトのほうは、実際上は赤字になっていたにせよ、財政均衡ドクトリンを放棄することはできず、一九三六年大統領選挙でも財政の収支均衡の大切さを訴えつづけた。

2　均衡財政から積極財政へ

ローズヴェルト恐慌

一九三六年二月には、大統領の拒否権をこえた議会の決定により、退役軍人のボーナスの残り半分が支払われた。これは一八億ドルの財政支出であり、後に経済学者から景気刺激効果ありと判定された施策である。選挙後の一九三七年初頭、ローズヴェルトは今度こそ均衡をめざした予算を組むべく、各省庁に支出の削減、救済、公共事業の縮小を指示した。前年の退役軍人ボーナスに代わる臨時支出は望めず、逆に制定された社会保障法にもとづく課税がはじまっており、年金支給は一九四二年の予定だったから、これは総需要削減効果があった。

他方で、連邦準備理事会のほうも物価上昇がインフレーションに結びつく懸念から、一九三五年銀行法で新たに付け加えられた権限を用いて、一九三七年一月に、五月までに連邦準備加盟銀行の必要金準備率を倍増させることを決定した。

それでもなお、金流入の影響で「過剰準備」が残ることは確かだったが、その額は一九三七年初頭の二〇億ドルから八月には七・五億ドルへと減少した。しかも、この措置の決定とほぼ同時に各種の金利がじりじりと上昇しはじめた。銀行貸出と通貨供給量も増加が止まり、やがて減少しはじめた。結果的には準備率要件の上昇が銀行側の政策的余裕をなくした、といえよう。

しばしば「ローズヴェルト恐慌」などと呼ばれる一九三七年から三八年の短いが鋭い景気後退は、アメリカに限定されていたこと、そしてこの二つの政策変更がかなりの役割をはたしたことが確実である。

工業生産は一九三七年九月から一九三八年五月のあいだに三分の二に減少した。景気が後退局面にあることに危機感をいだいた連邦準備理事会は、一九三七年九月には三億ドルの金を引き出し、一一月には政府証券三八〇〇万ドルの買いオペレーションを行った。

積極財政派の勝利

一九三八年後半になって景気後退が深刻なものとなるにつれて、その原因をめぐる政府内の論議はいっそう白熱したものとなった。一方には、財務長官ヘンリー・モーゲンソー（Henry Morgenthau, Jr., 一八九一〜一九六七）や商務長官ダニエル・ローパー（Daniel Roper, 一八六七〜一九四三）、そしてRFC長官ジェシー・ジョーンズ（Jesse H. Johns, 一八七四〜一九五六）らの、政府の赤字予算、さまざまの企業規制、増税などが企業の信認をなくして投資意欲を奪ったために恐慌が起きたとする解釈があり、彼らは恐慌脱出策としては均衡予算を軸にした企業との和解策をとるべきだと主張した。

他方、独占禁止論者のレオン・ヘンダーソン、ベンジャミン・コーエン（Benjamin V. Cohen, 一八九四〜一九八三）らは「スペンダー」として知られるマリナー・エクルズやWPA長官のハロルド・イクス（Harold L. Ickes, 一八七四〜一九五二）らとともに正反対の解釈、すなわち一九三七年予算における政府の財政支出削減こそが景気悪化の主原因だとする説を主張し、拡大的財政政策こそが景気回復の切り札であるとした。

一九三八年一〇月末、エクルズはローズヴェルトに手渡したメモのなかで、こう主張した。

今日の事態は希望的観測にたよって乗り切るにはわれわれにとってあまりに深刻である。今回の劇的な、長期におよびそうな景気後退はニューディール全体を不信任に追いやるかもしれない。

エクルズは具体的提言として、第一に、政府が悲観論を捨て、政策遂行にとって望ましい心理的環境をととのえること。第二に、消費者の購買力は維持すべきであり、そのためにＷＰＡなどの支出を次の六ヵ月間にふやすべきこと。帳簿上の赤字よりも、国民的購買力の減退のほうがゆゆしい問題である。第三に、民間部門では、とくに建設需要が回復する必要があり、政府は新規建築を促進するために家を建てる人に補助すべきである、とした。なぜなら、建設産業自体は多くのアメリカ人の支払い能力をはるかにこえる高価格政策によって、十分に受益したからである。彼ら支出論者たちは、カリーの試算にもとづいて、一九二九年以来の設備の遊休と人間の失業によって二億ドルが失われたと推算し、それを補完しうる規模の政府支出によって、よりいっそう多額の民間資金を投資に誘い込むことが可能であろうと指摘した。

この論争から一歩抜け出たのは後者のグループであり、彼らはローズヴェルトを「改宗」させることに成功した。一九三八年四月には有名なローズヴェルトの「スペンディング教書」が発表された。教書では、前年来の恐慌の原因が国民の購買力が生産に追いつけなかったことと、多くの商品の価格が不当に高騰したことにあることが強調された。

連邦政府のWPAなどを通ずる救済政策の拡充、信用の拡大、そしてPWAなどのチャンネルによる公共事業計画の更新により新たな購買力を付与することをローズヴェルトは勧告した。これによって生じる連邦政府の債務は国民所得が十分に回復した時点で返済されるであろう。こうしてローズヴェルトは財政支出論者のレトリックを用いて、財政政策が景気回復にはたす積極的役割をはじめて認めたのであった。

消費購買力に重点――アメリカ的ケインズ理論の特徴

ケインズはこの一九三七年の恐慌をどう見ていただろうか。彼はローズヴェルト政府の初期の住宅建設政策の不十分性、鉄道業の斜陽化、公益事業にたいする政府の取り組みの遅れなどによって主たる資本財産業が不況状態にあり、景気回復は自動車産業にほぼ限定されていることを指摘したうえで、アメリカ政府が財政支出を削減しはじめたときから回復のテンポが遅くなり、景気後退は不可避となったのだと分析した。

ケインズは一九三八年二月にローズヴェルトに宛てた、よく知られている手紙のなかで、景気回復のためには低利短期資金の供給などのほかに、政府による住宅建築などを中心にした公共投資、そして失業救済、消費財需要喚起のための設備への投資など、「需要」サイドの政策が緊急不可欠なことを力説している。

ケインズの代表的な著書『一般理論』では、国内雇用のレベルを引き上げ、国際貿易をふやすには、「自律的な利子率政策」と「雇用の最適水準をめざした国家投資計画」の各国同時採用が必要だと述べられている。

ケインズの立場からすれば、ニューディーラーの多くに見られる「過少消費論者」は投資の増加を期待すべきときに、なお消費増加に過大な役割を期待している点で問題はあるが、彼らの主張する国民所得再分配による「消費性向」増大の方策は十分に理解可能だと見られた（*The Collected Writings*, Vol. 21, pp.434-439.）。

エクルズは当時の状況をどう見たのだろうか。彼はまず一九三六年までの景気回復を政府財政支出主導のものととらえた。そして国民の購買力、つまり国民所得をふやすためにはどういう資本財産業の生産増加が必要かというふうに問題をたてる。民間の投資活動を「補正」すべき政府の活動については、たとえば「購買力を維持する方法としては、弾力的な公共事業計画を失業保険計画と結びつけることが可能かどうか調べるべきだ」と彼は書いた。

エクルズにあってはケインズ以上に「消費購買力」がその経済学の出発点だった。恐慌下の過少消費論からはじまったアメリカ的「ケインズ主義」の流れは、カリーやエクルズを通して一九三七年恐慌後にはケインズの体系自体と合流したわけだが、それらは、消費や国民所得再分配、そして政府の経済政策の有効性について楽観的な特徴をもっていた。

一九三九年で一七パーセントの失業率

大恐慌下では、最初に一次産品輸出国が、次にイギリスおよびイギリス連邦諸国が金本位制を離脱して、通貨の切り下げを行った。これが一九三一年末までの動きである。

その後一九三三〜三四年にアメリカが金本位制離脱、ドル切り下げを行い、それからだいぶ遅れてフランスなど金ブロック諸国が通貨切り下げに動いた。一般的にいって、資本主義世界が金本位制国と非金本位制国とにわかれている状況では、先に金本位制をやめて、通貨を切り下げた諸国のほうが輸出面での有利さもあり、景気回復が早かった。

ところで、アメリカでは主要資本主義国とくらべて、いかにも失業率が高い状態が長くつづいた（表1、八九ページ）。救済事業に「雇用」されている人びとを失業者と見なせば、一九三九年においてもなお一七パーセントが失業していたのである。工業生産指数やGNPは一九三九年に一九二九年の数字を回復しているのだから、アメリカの場合は「失業吸収が思うように進まない景気回復」だったともいえる。

逆に、就業者の実質時間賃金は平常年では一九二九年、恐慌下では一九三二年を底にしてその後は増加している。とくに、一九三三〜三四年には一一一から一二四（三二年＝一〇〇）へと急上昇した。これは明らかにNRAの最低賃金・最高時間にかんするコードの効果である。

結局、アメリカでは一九三八年までに実質時間賃金レートは四〇パーセントも増加したのにたいして、日本やドイツなど大恐慌から早く回復した国では実質賃金は停滞、ないしは減少している。一般に実質賃金の上昇と、実質利子率の上昇は投資の回復にとって障害になりうる。NIRAの時期には、労働時間減少と賃金レートの増加によって、製造業は賃金コストの増加に悩み、失業吸収へのインセンティブをもちにくかったと考えられる。ワグナー法の成立と、それにともなう組合設立ラッシュは、賃金の上昇圧力を一層強めた。

通貨切り下げがあたえる影響

通貨切り下げとの関係はどうか。一九三〇年代の通貨切り下げ措置が、国内および外国経済に影響をあたえるチャンネルは四つ、実質賃金、利益率、国際競争力、および世界の利子率のレベルである。通貨切り下げにより、国内産品の価格に比して輸入商品の価格が上昇するために、国内産品のほうへ需要が切り替わる。だが同時に、国内需要の喚起は国内産品価格をも上昇させるからその分総需要にたいする刺激を弱める効果がある。結局価格上昇は実質賃金減少を通じて総供給を増加させる。それは国内産品市場が枯渇するまでつづく。おなじプロセスは外国製品の需要を縮小させ、外国経済にたいするデフレ圧力となる。

通貨切り下げは、もしも切り下げ国が十分な通貨拡大政策を採ることによって、金を海外に流出させることになれば、世界の金利水準を下げるから、切り下げ国と外国の両方の需要を刺激する。もしも、金利の低下による刺激によって、外国の財貨にたいする需要が切り下げ国にシフトした以上に外国の需要にたいして刺激効果があるとすれば、それは切り下げの「近隣窮乏化」効果が通貨拡大によって相殺されたことになろう。あるいは、切り下げ国が新しい金価格の下でも金準備要件を変えなければ、通貨ベースが拡大した分だけ、世界金利が下がり、切り下げ国から外国への支出切り替え効果が弱まり、外国の産出が増加する（Barry Eichengreen & Jeffrey Sachs, "Exchange Rate and Economic Recovery in the 1930s" *Journal of Economic History* 45〔December 1985〕, pp.925-946.）。

じっさい、イギリス、デンマーク、スカンディナビア諸国など、早い時点で切り下げを行った国々では、工業生産の回復は急速だった。また、切り下げ幅と成長率のあいだにはプラスの相関が見られる。

フランス、オランダ、ベルギーなど金ブロック諸国は、一九三五年ではまだ景気回復の兆しを見せていない。ドイツは切り下げとおなじ効果のある為替管理を厳格に実施したが、レートが一九二九年とおなじであるためか、生産額は変化がない。だが、賃金レートと切り下げ幅の関係を見ると、切り下げが物価にたいして上昇圧力を加えるために、実質賃金削減に貢献し、切り下げ国の供給を増大させることがわかる。

通貨切り下げは切り下げ国産業の国際競争力を増大させ、結果としての販売促進が利益率を上昇させる。それは当然投資にたいするインセンティブを高めるであろう。中央銀行が切り下げによる差益を利子率の引き下げという形で還元すれば、金利の低下が投資を刺激すると同時に、将来期待利益率の上昇からも投資が刺激されるであろう。

もし、切り下げを行っていれば

以上の議論をアメリカの場合についてまとめると、アメリカがイギリスと同時期にでもドルの金本位制離脱、ないしはドルの切り下げを行っていれば、その後の恐慌の激しさを減じた可能性がある。というのは、イギリス連邦諸国の切り下げによって、アメリカは多少ともその「近隣窮乏化」の効果を受ける側に立たされていた（一九三一年秋〜一九三三年春）からである。

一九三三年四月以降のドルのフロートは、先に見たように輸出財農産物の価格を引き上げて、その面から景気回復に貢献した。テミンの説明によると、ドル切り下げは農産物価格と農業所得へのインパクトを通じて、一九三三年後半の工業成長を刺激した。農民は以前より高い価格で在庫を一掃し、その利益の一部を使って自動車を購入したかもしれない。それが、自動車、鉄鋼、その他の工業生産の増加をみちびいた。

国	1932年		1933年				1934年
	III	IV	I	II	III	IV	I
アメリカ	100	117	113	179	258	183	204
ドイツ	100	105	100	128	135	150	211
イギリス	100	104	110	117	115	126	135
フランス	100	101	109	120	121	116	109

（指数 1932年第3四半期＝100）
資料：League of Nations, *World Economic Survey, 1933-34.*

表4　1932～34年の投資財生産の回復

おなじ一ドルの所得増加でも、農家所得のほうが車など耐久消費財の購入に向かう確率が高いという。鉄鋼の生産増加は、表4に示した投資財生産の急増のほぼ三分の二を占めているので、ニューディール開始期の工業生産の短期的上昇のかなりの部分を説明できる。

また、NRA効果もあって国内物価が上昇した分、農業は回復の手がかりをつかんだと思われるが、輸出指向の小さい工業や国内生産向けの農産物などはむしろ「隔離効果」によって賃金レート上昇のマイナス面だけを引き受けてしまい、投資刺激にいたらなかったと見られる。

切り下げ国がそのマイナス効果を緩和する可能性のある国際ケインズ的拡大政策を採ったかどうかの面で見れば、アメリカは切り下げ後に流入した金を（国外流出を許容することをふくめて）拡大政策に用いなかったので、他の外国にたいするプラス効果は限定的なものだった。

年	GNP	個人消費支出	民間粗投資	純輸出	政府財サービス購入	工業生産指数（1913=100）
1929	203.6	139.6	40.4	1.5	22.0	188.3
1930	183.5	130.4	27.4	1.4	24.3	155.6
1931	169.4	126.1	16.8	0.9	25.4	129.7
1932	144.2	114.8	4.7	0.6	24.2	100.5
1933	141.5	112.8	5.3	1.0	23.3	119.9
1934	154.3	118.1	9.4	0.3	26.6	129.7
1935	169.5	125.5	18.0	−1.0	27.0	149.1
1936	193.0	138.4	24.0	−1.2	31.8	178.3
1937	203.2	143.1	29.9	−0.7	30.8	194.5
1938	192.9	140.2	17.0	1.9	33.9	152.3
1939	209.4	148.2	24.7	1.3	35.2	188.0

資料：U. S. Dep. of Commerce, *Long Term Economic Growth, 1860-1970.*

表5　1929～39年の経済諸指標（1958年基準，単位は10億ドル）

控えめだった財政支出

初期のリフレーション政策が景気回復の契機となったことを前提として、一九三〇年代の経済諸指標（表5）を見てみよう。

まず、個人消費支出（実質）が一九三六年には一九二九年の水準近くまで回復し、その後も下がらなかった。逆に民間投資は一九三七年ですら一九二九年の数値を二五パーセントも下回っており、さらにそれすら翌年には大幅に下がり、ついに一九二九年水準をこえないまま一九三〇年代末を迎えた。

産業の側から見ても、この時期は消費財産業の回復が生産財の回復を上回った。鉱工業生産指数（表省略）では一九三九年が一九二九年を下回っているのは、鉄鋼、機械、輸送、金属、非鉄金属、木材であるが、逆に上

業種	1939年
全体	91.3
鉄鋼	92.8
機械	78.7
輸送	92.2
非鉄金属	89.1
木材	70.3
石材・ガラス	84.9
化学・石油・石炭	99.9
ゴム	76.2
繊維	98.3
皮革	99.2
食品	115.4
タバコ	77.0
紙・印刷	101.2

（1929年＝100としたときの雇用指数）
資料：*Statistical Abstract.*（1940年）

表6　1939年の製造業雇用の回復

回っているのは、ガラス、石炭・石油、燃料、化学、ゴム、繊維、皮革、食品、タバコ、紙、印刷などである。ところが表6によって製造業の雇用指数を見ると、全体で一割ほど低下しているなかで生産がかなりの程度の増加を見た業種においても、雇用がやっと一九二九年並みに回復したのが化学・石油・石炭、繊維、皮革、紙・印刷などである。他の業種は生産増加にもかかわらず、あるいは生産減のゆえに、一九二九年の雇用水準を大幅に下回っている。

一九三〇年代に回復の早かったセクターの雇用効果はさして大きくなかった。むしろ、恐慌で深い打撃をこうむったセクターのほうが雇用吸収力が高かったのである。

これを「消費主導の回復」と見るか、「ニューディール景気政策の失敗」と見るかによって、判定が異なってくる。まず、財政の役割について見ておこう。この時期に連邦財政は救済事業を中心に支出を急増させ、州地方財政の規模をはるかにこえるシエアを得たが、一九三八年ごろまでは、「均衡財政」へのこだわりが政府内では優勢で、支出の増加に見合うべく増税努力が積み重ねられた。

増税が法人や企業、あるいは高額所得者に厳しい内容だった（超過利潤税、持株会社にたいする未配当利潤税、個人所得税の累進度強化、所得付加税、法人税の累進化、未配当法人利潤税など）ので、総需要の観点からいうと財政赤字の効果を減殺するとともに、企業の投資インセンティブにマイナスの効果をあたえた。

ニューディーラーたちは、法人にせよ、個人にせよ貯蓄につながりやすいとされる高額所得や社内留保をはきださせて、むしろ低所得層にその部分を移転し、もって消費を促進させようと意図していたと見られる。

税収確保の側面に比して、財政支出のほうは控えめだった。一九二九〜三三年に民間投資はおよそ一五〇億ドルも減少したのに、それを補うべき政府財政赤字は一九三四年に二九億ドル、州地方の黒字を差し引けば、二四億ドルである。一九三六年がもっとも大きな赤字幅を示すが、三一億ドルにすぎない。

ちなみに一九四〇年の政府全体の支出額の対GNP比は二〇・三パーセント、それにたいして一九八〇年には三六・五パーセントである。一九三〇年代の財政支出が全体として不十分であり、景気回復効果も限られたものだったことについては、経済学者のあいだでコンセンサスがある。

民間投資以外に回復しなかったものに、建築活動がある。一九二五～二七年に平均で二五〇億ドルが投じられたが、一九三〇年代のピーク一九三七年でもその半分に満たない（図3、七〇ページ）。もっとも、比率では、公共建築が民間に匹敵《ひってき》するくらいの規模で増加したのも一九三〇年代の特色だ。建築活動はある種の長期サイクルを描くといわれており、一九三〇年代がその谷に当たっていた可能性もある。

弱まった家族形成のインセンティブ

もう少し具体的に見よう。一九三〇年代には、耐久財の購入は延期されたが電気冷蔵庫などは例外だった。一九三〇年の販売数は、七九万一〇〇〇台、一九三七年にはそれが二三〇万台にふえた。鉄鋼では大恐慌以降、建設・土木などの重量品の需要が減り、家庭電気器具などの軽量・薄型鋼が伸びた。

ラジオの普及も注目すべきである。不況は女性の労働参加を促進したために、加工食品や缶詰の需要は安さのためもあり、増加した。食品加工の分野では、冷凍食品、缶詰の質の向上があり、この時期の終わりには、一万五〇〇〇の店舗で冷凍設備を備えていた。自動車は不況の影響で購買力をもつ階層がより上層にシフトしたために、標準化した耐久財から製品の多角化や頻繁なモデル・チェンジによって需要を喚起する方向に変わっていく過渡期となった。

中・下層の人びとはすでに持っている乗用車を買い換えずに、維持した。不況下でもPWAやWPAによってハイウェイ建設が倍増したために、自動車一台あたりのガソリン消費がふえ、この時期の石油・化学工業はさまざまな技術革新をともないつつ発展した。タバコは例外的なブームの時期となった。ガラス産業も食品加工・電化の進展による電球の需要により受益した。繊維産業では綿製品の停滞と合成繊維の堅調が対照的である。

以上のことは、こう解釈することができよう。一九二〇年代は自動車、住宅建築、公益事業を軸にしたブームの時期だったが、大恐慌を経てからはそれにかわって消費カーブを右にシフトさせるような新規耐久財が登場することはなかった。

ただ仔細に観察すると、技術革新によって飛躍をとげた業種も数多くあり、一九三〇年代がいちがいに停滞の時代だったとはいいきれない。マイケル・バーンスティン(Michael A. Bernstein)は、不況下で成長した産業の特性として、「何らかの消費財を生産し、たえず積極的な技術革新を行っていた」ことをあげている(Michael A. Bernstein, *The Great Depression*〔1987〕:益戸欽也・鵜飼信一訳『アメリカ大不況』〔サイマル出版会、一九九一年〕一四二ページ)。

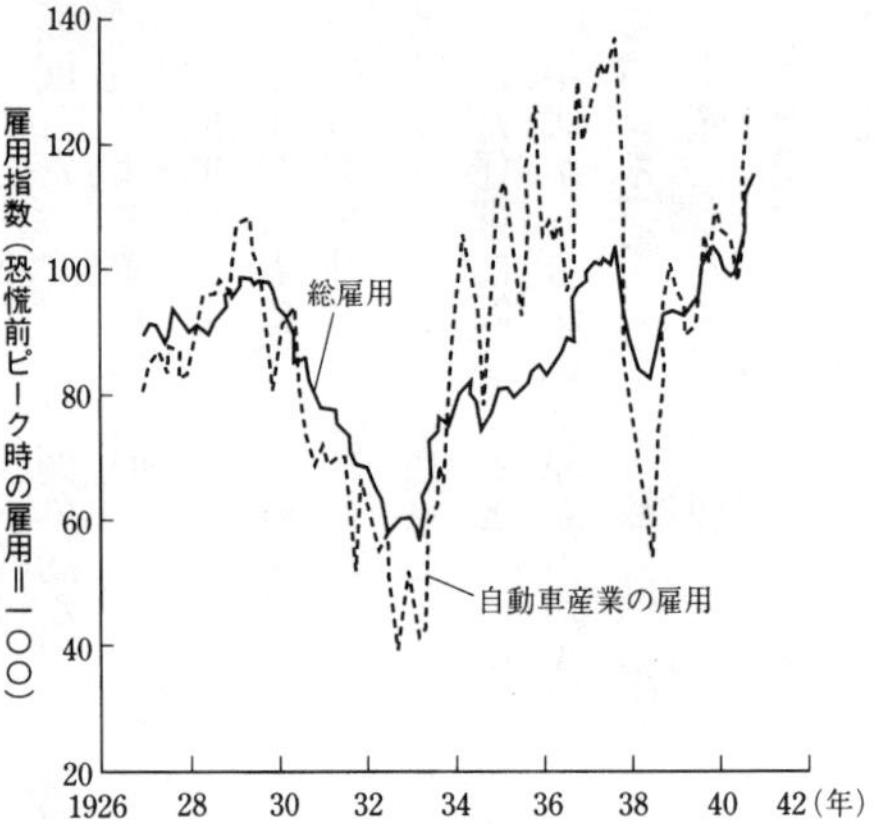

図8　自動車産業の雇用と総雇用

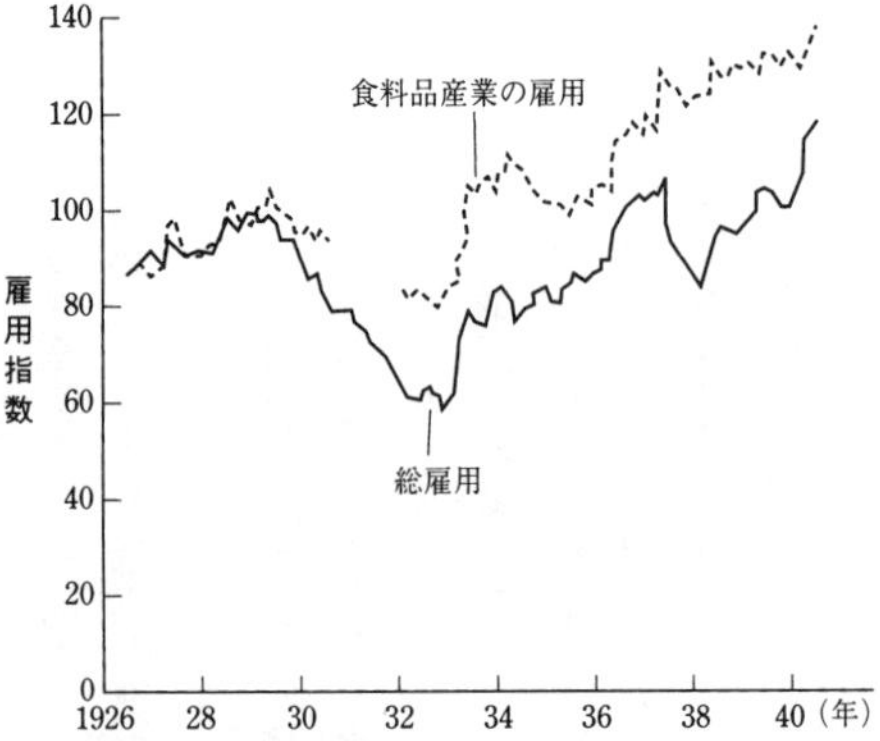

資料：M.A. Bernstein, *The Great Depression*, 益戸 他訳『アメリカ大不況』（サイマル出版会，1991年）

図9　食品産業の雇用と総雇用

自動車産業は、変動は激しいが、ニューディール開始直後は雇用される労働者が一九二〇年代よりもふえた（図8）。ただ、一九三七〜三八年恐慌でいま一度大きいス

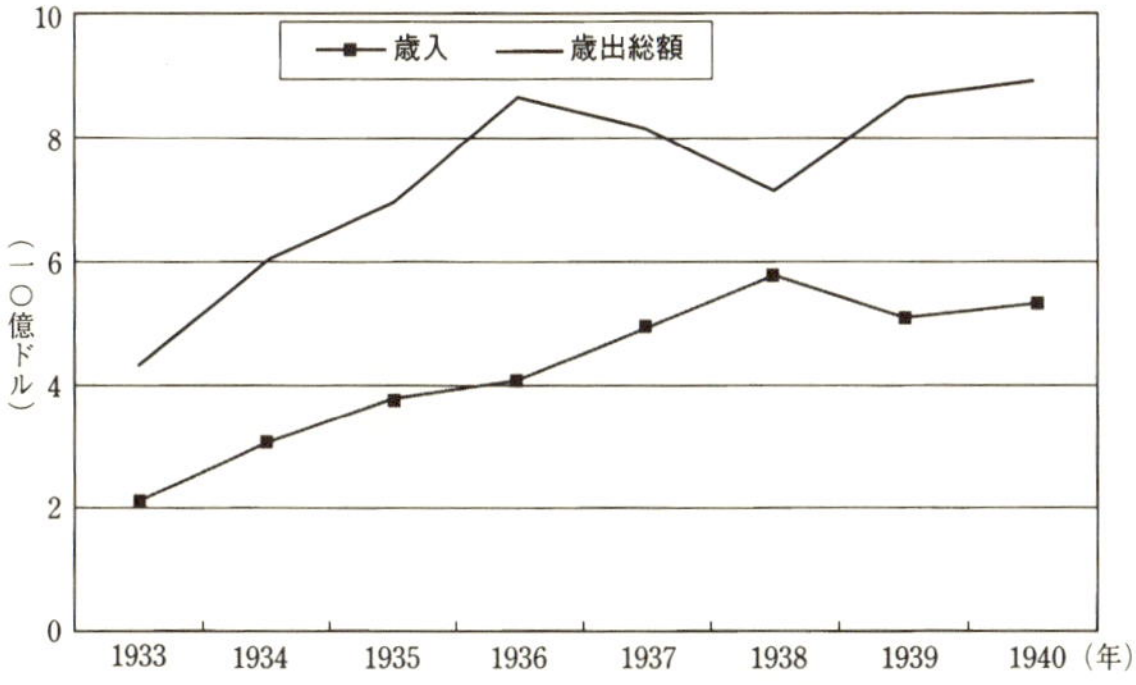

図10　1933～40年の連邦財政収支

ランプに見舞われる。

好調だった食品産業にあっても、雇用が大きく増加してはいない（図9）。一般に、好調だった産業の雇用吸収力がさほどでなかったうえに、恐慌による打撃の大きかった在来産業は不況下で必死のリストラや合理化に努めたので、多少景気が回復しても、すでに解雇されている労働者がそこに戻れる可能性は小さかった。

家族形成へのインセンティブが弱まり、結婚や出産は手控えられた。とはいえ、比較的運が良かった人びとは一九二〇年代に建てた住宅に住み、収入不足を補うために妻が働きに出て、家族はそれまでの生活パターンを極端に変えることはなく、いわば「翼《つばさ》をちぢめて」嵐の過ぎ去るのを待ったのである。

同様に、政府財政支出も、国民に新たな生活の型を夢見させるというほどの力も、規模もなかったが、何らの理論的バックグランドがなかったわりには、図10に見るように一貫して赤字だったし、そのおかげで多くの失業者は手当や仕事をあたえられ、そうした人びとはかつかつの暮らしをしていたのである。

3　昭和恐慌と高橋財政

井上財政と高橋財政

一九二九年にはじまった世界大恐慌は、日本ではどのようだったのか。「昭和恐慌」と呼ばれたこの時期、デフレ政策を展開し、ちょうどアメリカのフーヴァーに似た役割を演じたのが井上準之助《いのうえじゅんのすけ》（一八六九〜一九三二）であり、金本位制を離脱して赤字財政を組み日本経済をいち早く恐慌から脱出させたのが、高橋是清《たかはしこれきよ》（一八五四〜一九三六）だった。それぞれ井上財政、高橋財政と呼ばれる景気政策の意味をアメリカと比較しながら見ていこう。

両大戦間期の日本経済については、二重構造の形成期という点で研究者のあいだでコンセンサスがある。二重構造とは、日本経済史に限っていえば、近代的工業セクターと伝統的工業・農業セクターのあいだの発展の仕方のちがいから発生する生産性や賃金、利潤率の差異のある程度の固定化の事態をさす。

なぜこの時期に二重構造が発生したのだろうか。これまでの見方は、何よりも農業の成長率の急激な鈍化に帰せられるというものだった。少し経済指標を見てみたい。

窮地におちいった国内米作農業

一八七七〜一九一九年の農業産出の増加率は年平均一・八〇パーセントだったが、一九一九〜三八年は〇・四六パーセントであり、また、農業の労働生産性（産出÷労働者数）の年平均増加率はそれぞれ一・九九と〇・四五だった。一八七〇〜一九一三年の日本経済全体の成長率は、人口一人あたりでは年平均一・三パーセントの増加であり、次の時期一九一三〜三八年には二・六パーセントとほぼ倍増した。

明治維新当時の労働力構成で見た農業のシェアは七〇パーセントほどであり、したがって第一次大戦前までの日本経済の成長は農業セクターによって支えられ、その後の二〇年間の成長は農業以外のセクターが主導的役割をはたしたといえよう。

農業は雇用の場ならびに労働力の供給源として重要でありつづけたが、日本の産出構造はますます非農業、とくに工業セクターへ移っていった。農業人口のシェアは一八七二〜七五年平均の六九・七パーセントから、一九一一〜一四年平均の五四・九パーセントまで減少しているが、農業人口の絶対数は八〇万人の減少にとどまり、ほとんど一定である。

第一次大戦後には、日本の拡大した帝国内（とくに植民地との）の競争激化もあって国内米作農業は窮地におちいった。非農業セクターの労働力増加にたいする農業セクターの貢献度もしだいに低下した。

一九〇一〜〇五年には非農業セクターの労働力増加に占める農業セクターの労働力流出人数の比率は六八・六パーセントだったが、一九二一〜二五年には五二・八パーセント（流出人数は一三万一〇〇〇人）、一九二六〜三〇年には五〇・二パーセント（一二万五〇〇〇人）、そして一九三一〜三五年には二七・二パーセント（一八万三〇〇〇人）、一九三六〜四〇年には三〇・五パーセント（一五万二〇〇〇人）へと減少した。

一八九〇年には四割弱だった国内純生産に占める農業のシェアは、一九二〇年には二四・九パーセントにまで落ちこみ、農産物価格は一九一九年をピークに下落しはじめた。一九二〇年代後半の下落はとくに急速だった。

供給面では、この時期が世界的に農産物ストックの増加によって価格が低下する傾向にあったうえに、一九一八年の米騒動に危機感をいだいた政府が植民地産米の調達に力を入れたので、国内産米価の低落に拍車をかけた。

また需要面では都市化の影響で西欧風の食事がしだいに普及して、伝統的な食料の消費需要の伸びが停滞した。

賃金の二重構造

藤野正三郎によれば、両大戦間期の日本では、物価は低下したにもかかわらず賃金は高位にとどまり、そして失業率は低水準にあった（藤野正三郎『国際通貨体制の動態と日本経済』〔勁草書房、一九九〇年〕三五一ページ）。

ただし、高賃金は重工業の大企業、なかでも熟練労働者に限定された。大企業はこの時期に産業合理化運動を展開し、資本集約度を上昇させ、労働生産性を高めることで対処した。その結果、当初マイナス要因だった物価下落は吸収され、労働生産性の上昇に応じて貨幣賃金はむしろ上昇傾向を示した。

他方で、農業の労働生産性は上昇せず、物価、とくに農産物価格の下落のもとで、不熟練労働者（および重工業の臨時労働者）は低賃金にとどまった。こうして熟練労働と不熟練労働のあいだに賃金格差が発生した。農村から流出した労働力は、その多くが小規模自営業や都会の流通産業やサービス産業に吸収された。このような形で失業が「吸収」されたため、ヨーロッパにくらべて日本では失業率が低くなった。

熟練労働者を多く雇用する重工業の大企業の場合、労働力の安定的確保の必要からも長期勤続、終身雇用制などいわゆる日本的雇用慣行と呼ばれるものが定着をはじめた。他方で、農業や不熟練労働者を多く用いる都市の在来型中小企業では、食料価格の低さ（低米価）に条件づけられて、一九二〇年代半ば以降、大企業労働者との賃金格差が拡大する。

賃金の二重構造は、生活水準にもそのまま反映し、企業経営者やエリート労働者のライフスタイルと不熟練労働者や都市雑業層、そして多数の農民、とくに小作人の伝統的生活様式は好対照をなした。アメリカと同様に一九二〇年代の日本では都市が経済発展の主役となり、関東大震災後の復興の必要もあり、公共投資は都市型となる傾向があった。農業は成長が鈍化しただけでなく、政策的にも取り残されたような感があった。

米と繭の苦難

一九二〇年代に生きた日本のエリートたちの多くは、他の主要先進国のエリートと同様、世界標準（グローバル・スタンダード）のシステムと当時考えられた金本位制に、速やかに復帰することをめざして行動した。

一九二七年の日本独自の金融恐慌の勃発《ぼっぱつ》も、もとはといえば、金本位制復帰に備えて、不良債権化しつつあった震災手形の後始末、救済策を議論する国会が発端だった。一九二七年三〜五月に時の蔵相片岡直温《かたおかなおはる》の失言に端を発し、激しい昭和金融恐慌が起きた。多くの銀行が休業に追いこまれ、蔵相高橋是清による三週間のモラトリアムの後、当時の日本銀行が七億円にのぼる損失保証を行うことで乗り切った。

この金融恐慌は、政商との腐れ縁が噂されていた銀行の不良債権を整理したという点では、一定の意味があったが、同時に金融再建の過程で大銀行への預金・業務の集中が進み、中小銀行の多くが倒産・合併を余儀なくされた。資金が都市・大銀行へと集中するにつれ、地方の中小銀行と、それに大きく依存していた農業や中小企業は大きな損失を被《こうむ》った。金融恐慌後進んだ金融市場の緩和とはうらはらに、地方と農業・中小商工業の困難は倍加した。つまり、金融恐慌は二重構造をよりいっそう強める役割をはたしたのである。

当時の農業と農村の状況は、しばしば「米《こめ》と繭《まゆ》」の苦難と呼ばれる。昭和恐慌下では、米の価格は一九三〇年には一九二六年の半分となり、繭価は三分の一近くまで暴落したのだが、農業所得の下落は一九二七～二八年にすでにはじまっていた。

もともと、生糸製糸業者は零細で独占的地位をもたないので、繭の価格は生糸価格によってほぼ決められ、生糸の価格はアメリカの購買力、つまりアメリカの景気によって決まるという関連にあった。しかも、金本位停止のもとでは、生糸の輸出にさいして円－ドル為替相場変動のリスクを生糸の輸出業者がかぶってしまうことも、固定相場、すなわち金本位制復帰への願望をうながす要因となったといわれる。

金本位制復帰のためのデフレ政策

井上準之助蔵相による一九三〇年一月の金解禁（金本位制への復帰）は、一九二七～二八年当時一〇〇円＝四六～四七ドル平均だった為替レートを約一割円高の一〇〇円＝四九・八五ドルに固定しようとするものだった（旧平価解禁）。

実勢レートを円高に誘導するためには、国内物価を引き下げなくてはならない。その目標を達成することがもっとも重要であるが、注意すべきは、当の井上自身、あるいは財界の主流が金解禁実現とその準備の過程で、日本経済の合理化を達成し、政府も国民も勤倹節約を行って、いわば官民あげてのリストラを行うことを副次的目的と考えていたふしがあることだ。

他方で、当時石橋湛山《いしばしたんざん》らによる新平価解禁論もあった。いまから思えば、当時の為替の実勢にあわせて平価を切り下げたうえで金解禁を行えば、旧平価解禁よりは経済にたいする圧力は小さくなったであろうが、この主張は円の威信の問題もからみ、ほとんど影響力を行使できなかった。

軍縮とならんで世界の政治経済の潮流に合流しようとした民政党の金解禁政策は、公共投資をはじめとする財政支出削減、軍事費削減、国民への消費節約の呼びかけ、公務員の給与引き下げなどをともなっていた。この緊縮型の財政政策は、経済全体に激しい需要収縮を呼び起こし、不況色が強まり、物価デフレーションとなった。

東京の卸売物価（一九二九年第二四半期＝一〇〇）は、一九三〇年第四四半期に七三、一九三一年第四四半期に六六まで下落し、株価も似たような動きをたどった。製造業賃金（一九二九年＝一〇〇）は一九三〇年には九三、一九三一年には八七となった。

財政支出の削減は、経済にたいして「マイナスの乗数効果」（中村隆英）をあたえた。つまり世界恐慌の渦中での物価の激しい下落のもとで、縮小均衡型の財政政策の薬が効きすぎたのである。金の国外流出は予想以上の額に達し、政府の音頭《おんど》ではじめられた産業合理化はコスト切り下げのための人員整理を促進した。アメリカの恐慌によって生糸の輸出が激減したため、価格が暴落して養蚕農家は窮地に陥った。農村では小作料や税金が可処分所得ほどは下がらなかったために小作人がとくに打撃を受けた。

右に述べた二重構造の観点からすると、失業も賃金下落も大企業よりも中小企業と農業において激しかった。ただし、アメリカやドイツにくらべると、失業者数は少ない（統計で多いものでも五〇万人）。これは、都市の中小企業から投げ出された労働者たちが農村に帰ったために失業者が「吸収」されたという側面以外に、金融恐慌の時に金融上の整理を済ませていた日本では、他の諸国にくらべると、金融破綻がなかった分恐慌の落ちこみが穏やかになったことに関連しよう。

この二年足らずのあいだの金解禁とそれにともなうデフレーション政策のマイナスの影響は、その後の日本の政治経済の進路にとって決定的だったように思われる。ちょうどドイツのブリュニング期（一九三〇～三二年）と同様で、社会階層間の利害対立を先鋭化させ、国民のあいだに非デフレ政策にたいする期待感を醸成せしめ、その後の軍拡政策に寛容な社会的雰囲気を生みだしてしまったと思われる。

四〇パーセントにもおよぶ円の切り下げ

一九三一年一二月に政友会の犬《いぬ》養《かい》毅《つよし》内閣が成立すると、蔵相に高橋是清の入閣を要請した。井上財政の二年間を批判的に観察していた高橋は早速、金輸出の再禁止、円と金の兌《だ》換《かん》停止を実行した。

年	一般会計歳出	軍事費	時局匡救費	国債費	その他
1929	1,736	495		280	961
1930	1,588	443		273	872
1931	1,477	455		214	808
1932	1,950	686	181	241	842
1933	2,255	873	206	335	841
1934	2,163	942	157	361	703
1935	2,206	1,033		372	801
1936	2,287	1,078		363	846
1937	2,709	1,237		400	1,072

資料：中村隆英『戦前期日本経済成長の分析』（岩波書店，1971年）

表7　一般会計歳出の内訳（単位は100万円）

そのうえで公債発行による赤字財政支出と低金利政策を実行した。これまでにも日本では中央政府による公債発行は行われていたが、公債の発行は公共事業、震災復興、戦争遂行といった特定目的のためのものであり、高橋のときにはじめて政府の通常支出のために公債発行による資金が使われた。また、公債は日本銀行がいったん引き受けて、金融市場の余裕があるときに民間に売却する、日銀引受発行だった。これについては高橋自身が、日本における公開市場操作のはじまりだと述べている。

注意すべきは、ここで一般支出目的、日銀引き受け、という形で従来の慣行が変更された点である。後に軍部が軍事費の削減に反対したとき、蔵相の側には「財政規律」といった原理上の反論ができる余地はなかった。一九三二年から三三年には財政支出増加分の約半分が軍事支出だったし、一九三五年までの中央政府支出増加分の七八パーセントが軍事支出だった（表7）。

金融市場には資金が流れ、政府は必要財源を確保し、市中金利は下がった。金本位制離脱のもとでの円のフロート政策は、円為替の下落を引き起こした。同時に為替管理によって資本の海外への逃避を防ぎ、為替レートの安定につとめた。為替レートは一九三三年までに一〇〇円＝二五ドル平均まで下がり、その後も二七〜二九ドル平均を維持したから、ほぼ四〇パーセントにもおよぶ円の切り下げとなった。円の下落は景気回復に結びつく国内物価の上昇をもたらし、同時に輸出を増加させた。低金利政策は、企業の資金調達を容易にし、企業経営を改善し、その面からも景気回復に寄与した。

ニューディールと類似

農村救済の声が高まるのに対応して、農村にたいしては時局匡救《きょうきゅう》政策が開始された。農民たちの要求は農家負債のモラトリアムと利子の減免という、アメリカやドイツの恐慌下の農民たちと共通なものだった。

三年間におよぶ農村救済事業（表7）は、疲弊しきった農村に現金収入の機会をあたえ、家計を補助する効果があった。年平均約二億円の現金収入と、ほぼ同額の低利資金が農村に流入したため、農家所得引き上げと負債利子負担軽減の効果がかなりあった。

一九二〇年代の公共投資が都市の近代化に向けられたのにたいして、「時局匡救」政策は農村の恐慌にたいする回復策であって、その点では、ニューディールに似ている。

日銀の公債引き受けは一九三二年一一月からはじまったが、公債の消化は一九三四年までは順調だった。不況下で、まだ一般産業の資金需要が旺盛でない時期だったうえに、財政支出によって遊休設備や失業者が動員され、生産が刺激されたからである。匡救事業も事業の拡大に進まないうちは、遊休資金を預金にまわすことが可能だった。

ところが一九三五年以降になると、景気回復につれて銀行資金が枯渇しはじめ、他方で軍需企業の資金需要が増大するにつれて、資金が逼迫して市中金利が上昇するというクラウディングアウトが発生し、国債が消化難に見舞われはじめた。景気回復が進んで完全雇用局面になったのである。

そこで、高橋蔵相は一九三六年度予算の編成にさいして、公債漸減《ぜんげん》の方針を示し、とくに軍事費を抑制して歳出膨張をおさえ、自然増を目安に公債を減らしていこうとした。

しかしながら、「財政の生命線」を守ろうとした高橋蔵相は、二・二六事件で凶弾に倒れた。その後は軍拡に歯止めがかからない馬場（鍈一）財政が登場した。

恐慌脱出のスターター

一九三〇年代の日本経済の景気回復は、どういう要因によって可能になったのであろうか。一九三二〜三八年を通じて、政府支出、民間投資、輸出が三大要因である。

しかし、それらの年度別の変化を見ると（表8）、民間投資が上向きになりだすのは一九三三年であるが、一九三七年までは国民総支出（GNE）に占める民間投資のシェアは一割内外で、大きくない。一方、政府支出は、すでに一九三一年に前年比二五パーセント増加を見ており、それにともなって、公共投資も翌一九三二年に前年比二三・五パーセントの伸びを示した。政府の支出と投資の合計は、一九三一〜三三年に二割をこえており、これが恐慌脱出のスターターとなったことがわかる。

年	GNE（%）		消費（%）	支出（%）	公共投資（%）	政府計（%）	民間投資（%）	輸出（%）	輸入（%）
1929	13,747	100	79.7	11.1	7.9	19.0	10.4	15.3	24.4
1930	13,898	100	79.2	10.6	7.4	18.0	10.2	15.3	22.7
1931	13,955	100	80.6	13.2	7.5	20.7	8.3	16.1	25.7
1932	14,592	100	76.0	13.6	8.9	22.5	7.1	18.3	23.9
1933	16,061	100	73.7	13.5	8.2	21.7	8.0	17.6	21.1
1934	17,451	100	72.1	11.8	7.3	19.1	9.8	20.9	21.9
1935	18,383	100	68.4	11.5	7.4	18.9	10.9	23.2	21.5
1936	18,779	100	68.7	11.4	7.5	18.9	11.5	23.4	22.5
1937	19,872	100	68.3	12.3	9.5	21.8	11.9	22.6	24.5

資料：大川他編『長期経済統計』1

表8　1929～37年の総需要の構成（GNEの単位は100万円）

その役割を引き継いだのが輸出である。輸出は一九三四年に前年比一七・三パーセントの増加を記録し、その後も一九三八年までGNEの二割をこえた。そしてこの年にようやく政府セクターとならんで、民間投資が景気回復の牽引役におどりでたのだった。

明らかに一九三〇年代の回復は、当初急膨張した財政支出と、政府投資による刺激を受けてはじまり、その後しだいに増加する輸出にバトンタッチし、やがて輸出の増加と相並ぶ形で民間投資の復活が起きたと考えられる。

輸出にはずみをつけたのはむろん、高橋による金本位制離脱と離脱にともなう円の減価である。景気回復のプロセスでは、二重構造の弱い環である農業と中小企業の賃金も、一九三六年ごろには上昇しはじめ、もはやこの時期には景気変動のクッション的な役割をはたすフレキシブルなセクターは縮小しつつあった可能性がある。

ところで、一九三〇年代の景気回復は一九二〇年代にはじまった民間部門の重化学工業化をよりいっそう促進し、設備投資の復活もこの動きに沿う形で起きたのだが、反面、一九二〇年代から恐慌期、そして一九三〇年代と個人消費はしだいに比率を下げ、一九四〇年には六〇パーセントを割ってしまった。

また、製造業の労働分配率も、一九三七年の数字で比較すると、日本は三〇・四パーセントで、アメリカの五一パーセントに比していちじるしく低く、この点は当時の日本の製造業の特徴として注目しておくべきであろう。一九二〇年代の日本経済は個人消費を総需要の中心とするやや脆弱《ぜいじゃく》な消費中心のシステムであり、それでも生活水準の向上と、重化学工業化の開始による生産財にたいする需要から、輸入が大きな役割をはたしたのにたいして、恐慌をへて一九三〇年代には、重化学工業化が投資を中心に進みながら、しかも賃金コストは低下するという、資本の側からすれば望ましい経済成長に踏みだしたのである。

金本位制が恐慌を招いた

以上の経緯を見れば、結果として高橋財政下の景気回復がケインズ効果によるものだったことはわかるのだが、高橋自身はどう考えていたのか。これまで、高橋自身の議論の「支出の乗数効果」的な側面については、中村隆英によってしばしば指摘されているので、別の面を見ておこう（以下の高橋是清の発言や著作の引用は、高橋是清遺述・上塚司編『高橋是清経済論』〔千倉書房、一九三六年〕による。なお、引用の場合にも原文の漢字や仮名遣いを用いていない箇所がある）。

昭和恐慌について高橋は、「生活に必要な物資の欠乏に基づくもの」ではないとして、「生産品はむしろ供給過大にしてその結末に窮し、生産設備の大部分は休止しおるの有様である」とする。そもそも近年生産技術の発達進歩が非常であって、それを各国民、各階級間に分配利用するための設備と用意がともなわないために、「消費者は十分にその余慶《よけい》に浴するを得ず」、いいかえると「生産と消費との間に均衡を失する」にいたった結果だ。生産、消費両者の調節を円滑にするのが通貨の役割であるが、金の生産が物資の生産にともなって増加せず、そのため一般物価が低落する傾向があった。

とくにイギリスは第一次大戦後に金本位制に「旧平価で」復帰しようとしてデフレーション政策を採用したために、物価が低落し、不況におちいった。アメリカはというと、「昔日の英国のごとくその債権の取り立てをば債務国より物資または労務によりて受け取ることを拒み、もっぱら正貨を吸収する策を講じたるがため、各国の正貨は主として米国及び同政策を採用し来たりたる仏国に集中するの傾向を示した」。

一九二九年アメリカの株価暴落以降、アメリカは資金の海外貸し出しを中止したため、ヨーロッパ各国は対外支払いの手段に窮した。そのうえ、債権国は保護政策を強行し、ために債務国は輸入制限、関税引き上げに頼らざるをえず、世界貿易は減少の一途をたどった。「失業者は各国を通じて非常の数に達し、債務者は負債の重圧に耐えずしてまず倒れ、これに融通せる債権者はその金を回収するに由《よし》なくして次いで同一運命をたどるのほかなきにいたり、一波万波を呼び起こしてついには資本主義の没落、文明世界の終滅もまさに近づかんとするかの感があった」。

それでは、恐慌からの脱出にはどうすればよいか。それには、「まずある程度まで物価を引き上げてこれをその点に安定」させるというのが各国識者《しきしゃ》の世論である。例としてはイギリスのマクミラン委員会の報告などをあげる。さらに高橋は、金本位制が専制暴君となってしまったことを、アメリカ史に例を引き、金銀複本位制を主張したウィリアム・J・ブライアン（William J. Bryan）の「黄金の十字架」演説、さらにはケインズの「金本位制が専制暴君となってしまった」との発言を引用している。

つまり恐慌の原因があたかも金本位制自体だという認識である。

低金利政策の徹底

日本では、金輸出再禁止につづいて、一一億円だった正貨が四億円に激減したため、「政府は大英断をもって発券制度の上に根本的改革を施し」、保証準備の額を一〇億円に拡張し、制限外発行についての課税最低率を三分に引き下げ、正貨が激減した分が正常なる商取引にたいする通貨供給に支障がないように配慮した。なぜなら、中央銀行は、つねに不足を感じない程度に資金を供給すべきだからだ。それにともなって為替が下落したが、低利資金を国内に確保するには、資本の海外逃避を防ぐ為替管理が必要となった。「ここにはじめて低利政策を十分に実行することができる」こととなった。今後とも低金利政策はいっそう徹底すべきであろう。

恐慌対策のために歳出が巨額に達したが、その費用の一部を増税によってまかなったらどうかとの議論がある。しかしながら、「現内閣が時局匡救、財界回復のために全力を傾注しつつあるこの際、増税によりて国民の所得を削減し、その購買力を失わしむることは、せっかく伸びつつある萌芽《ほうが》を剪除《せんじょ》するの結果に陥るので、相当の期間までこれを避ける」のがよい。

そもそも諸外国の識者のなかには、単年度の収支均衡をはかるのは好ましくないとの論調が見られる。むしろ政府当局としては、「数年にわたりて財界の回復をはかり予算の均衡を得しむることを主眼とすべき」であろう。「ことに財界好況にして政府の収入に余剰を生ずる場合には公債償却に力を注ぎ、財界不況にして失業増加し産業不振の場合には政府自ら公債もしくは借入金によりて事業を起こしもって経済界の調節に当たるを可とすべく」、とくに土木、建築、道路等の経費は国家予算を投ずるのだから、「損失勘定に加算するのは誤り」だとする議論が台頭している。ここで、「財界」とは景気に近い意味であろう。高橋は「エール大学教授フィッシャー氏、およびシカゴ大学における研究界のこの点にかんする資料を翻訳」して議員諸君に配った。

傑出したエリート

公債発行は、「ひとまず日本銀行をして引き受けしめ、市場の情勢を察して適宜これを売却せしめ、また市場の形勢によりては随時これを買い入れしめ、いわゆるオープン・マーケット・オペレーションにより金融の統制を行う」ことができる。それによって極端なインフレーションを生ずることはないであろう。ただし、公債発行にも限度がある。

一九三五年には高橋はこう述べた。「もし今後において公債が一般金融機関等に消化されず、発行公債が日本銀行背負い込みとなるようなことがあっては、これは明らかに公債政策の行き詰まりであって、その結果としてはいわゆる悪性インフレーションの弊害があらわれ、国民の生産力は消費力とともに減退し生活不安の事態を生ずるにいたるおそれがある」。

高橋是清にとっては、公債の日銀引き受けは「時限的な」政策であり、早晩修正すべきものだった。高橋はさらに、「今日の社会は貧富の懸隔《けんかく》が益々甚《はなは》だしくなっていることは事実である。しかるに国民経済の発展には堅実な中流階級の存在が必要であり、どこの国でも富の平均ということはきわめて望ましいことであるが、実際問題としてなかなか困難のことだ」。

両大戦間期から大恐慌にいたる経済認識、そしてフレキシブルな財政収支にかんする所説、海外の有識者の議論への精通など、高橋の歴史感覚とケインズ的経済論はおそらく彼が意欲的に海外の新しい論調を吸収した結果生まれたものであろうけれども、同時代日本の他の経済学者を大きく抜きんでていた。

本章を通じて、アメリカと日本におけるケインズ理論の経済政策への適用の経緯を見てきた。アメリカの場合、ローズヴェルト政府内を二分するような論争を経て赤字財政を承認する方向へ行くのだが、それまでに株価暴落から九年の歳月が流れていた。日本の場合には、英米協調の外交路線の延長上にあった金本位制復帰の井上財政からケインズ的な高橋財政への転換は急激であり、高橋是清という傑出したエリートの存在に依存する面が非常に大きかった。逆にいえば、それ以外のインテリや一般国民の政策意識とはかけ離れていたのである。ここにも日本の悲劇の一端を見る思いがする。

エピローグ　一九二九年大恐慌のアメリカと二一世紀の日本

市場の失敗としての世界大恐慌

これまで見てきたように、一九二九年大恐慌は両大戦間期という、資本主義世界の大きな構造変動の時期に起きた。社会主義体制という異質なシステムが出現して、世界全体を同じ社会主義に変えようとする運動が資本主義各国にも芽生えていたから、とくに地理的にソ連に近いヨーロッパ大陸諸国の政治的な危機は、資本主義世界全体としても放置するわけにはいかなかった。ドイツとイギリス・フランスの間の賠償問題がアメリカの介入によってともかく「解決」を見たのはその一例である。

資本主義各国はまた、すすんで労働者や農民、都市中産階級の経済的状態を改善しようと努力した。社会主義的な政策を資本主義のなかで実現してしまえば、これらの階層はあえて社会主義政党を支持する必要がなくなると判断したためである。資本主義各国は一九世紀の末期から始まっていた福祉国家的な体質を強める傾向があった。だから、大恐慌が起きると、多くの人びとは、経済システムとしての資本主義の欠陥が明らかになったとして、政府が金融、財政、農業、産業、労働とおよそあらゆる部面から経済への介入を進める政策をとった。今日的な言葉でいえば、「市場の失敗」が「大きな政府」を呼び込んだのである。

危機の一九七〇年代と新自由主義の登場

ニューディールに始まる経済的弱者や失業者救済は、富裕者課税などの施策と相まって、さらには、第二次大戦中の賃金平準化政策のおかげもあり、ほぼ一九六〇年代まで、アメリカ国民の所得分配を平等化の方向に向かわせた。この間、製造業の生産性と賃金とは並行して上昇をつづけた。ところが一九七〇年代に入ると、世界の資本主義体制は不況下で失業者数が増大する一方で物価上昇が止まらないというスタグフレーションとなり、深刻な危機を迎えた。じつはソ連、中国などの社会主義体制もこれまでの工業化政策は行き詰まりに直面していた。

インフレを抑えられないことから、ケインズ経済学は信頼を失い、新自由主義と呼ばれる小さい政府や、金融自由化、そしてさまざまな規制を広汎に撤廃する政策潮流がアメリカ、イギリス等で支配的となり、より自由で競争的な資本主義を推し進めた。新自由主義政策は税制のフラット化や減税、福祉予算の削減、そして組織労働にたいする攻勢を強めたため、資本と労働の融和によって労働者への譲歩がはかられて所得再分配が進んだ前の時期の傾向は逆転し、富裕階層と中間層・労働者層とのあいだの所得格差が拡大した。この傾向は今日までつづいている。

この間進行したグローバリゼーションは、商品サービス貿易の活発化はもとより、資本移動や変動相場制の下でのドルやポンドといったマネーの動きを活発化させた。これらは現物、先物を含めてそれぞれの市場を形成したため、株式市場の電子化の影響もあり、世界は二四時間、めまぐるしい動きに支配されることとなった。ＩＴ革命のもとで情報が伝播するスピードも格段に増大したし、資本やマネーほどではないが、労働力も国境を容易に越えることができるようになった。各々の部面で競争は強まり、投資家も経営者も、そして労働者も競争のストレスとともに生きていかざるをえない社会に突入した。こうした現状を念頭に置いたうえで、世界大恐慌の時代をいま一度ふりかえっておこう。

なぜ恐慌は起きたのか

一九二九年大恐慌の原因に連なる議論は以下のようだった。

まず、第一次大戦によるショックが主要大国のあいだの力関係を決定的に変えてしまったことである。全般的にはヨーロッパ、とくにイギリスの経済力の低下と、それに代わるアメリカ合衆国の台頭が、資本主義システム全体に不安定要因を加えた。アメリカは孤立主義的な外交の伝統があるばかりか、複雑さを増した世界政治をリードしていくには、それまでのイギリスに比べると、経験不足の感があった。

それと関連するが、国際金融をまかされた各国のエリートたち、中央銀行総裁や大統領、首相、財務省長官らは、第一次大戦が一九世紀的国際金本位制のスムーズな運行を保障する土台をいわば機能不全にしてしまったことに気がつかなかった。

対ロシア債権がロシア革命によって回収不能になってしまったフランスはこれまで以上に「金」に固執するようになり、これまでの繁栄を支えた産業が国際競争力を低下させてしまったイギリスは、ロンドンを通ずる世界金融の支配権を維持しようとして短期資金への依存を強め、また金本位制復帰にさいしてポンドを過大評価した。アメリカは、ニューヨーク連邦準備銀行総裁ストロングの時期にはイギリス、フランスとの国際協力をスムーズに行ったが、彼の死後は連銀当局内部での対立を調整できなかったばかりか、国際協力にも消極的となった。ドイツでは、もともと賠償支払いのためにアメリカなどから大量の資金導入をしたのだが、連邦政府も地方政府も借入金を自明の前提のように費消する「過剰消費」的な傾向をもつにいたった。

これらの事情は再建金本位制に、第一次大戦前にはなかった不安定性を与え、まがりなりにも機能していた賠償―戦債循環（アメリカがドイツに資金を供給し、ドイツはその資金で経済復興をとげると同時に、賠償金をフランス、イギリスに支払い、フランス、イギリスはその資金で復興しながら、アメリカにたいして戦債の元金と利子を返済した）もアメリカの証券市場の過熱によって資金がヨーロッパに行かなくなると断ち切られてしまった。

さらに、第一次大戦のショックは世界農業問題にも波及し、ヨーロッパ諸国の自給努力と保護政策、開発途上国の生産増加、アメリカ農業の機械化の進展による供給力増加などによって、供給側余力が増した。他方で、衣食生活の変化によって需要側がさほどの伸びを見せなかったから、農産物はしだいに世界在庫をふやしていった。中でもアメリカ農業所得の停滞は、一九二〇年代の繁栄の足をひっぱる要素をはらんでいた。農業問題未解決のまま、一九二〇年代末期には開発途上国から国際収支危機が広まっていった。

アメリカの国内を見ると、第一次大戦後の世界経済にあって、新たな耐久消費財、自動車、住宅によって景気を牽引してきたが、そうした新産業を支えた内需も、生産性の伸びにはるかに遅れた賃金の伸び悩みや、農業地帯の不振によって一九二〇年代末期には限界を迎えつつあった。大量生産体制に変わった巨大企業の工場機械設備が過剰化してきた一方では、消費が飽和状態になっていたともいえる。耐久財支出はこのころ本格化した信用販売によって加速されていたので、都市住民の債務残高は増大していた。また、農業拡大のために土地や機械を一九二〇年代前半までに購入した農業経営者たちの債務も累積しつつあった。こうした債務構造は、いったん景気が悪化してくると、不況の進行を加速させる傾向があった。

金融政策面で、アメリカの連邦準備理事会や各連邦準備銀行は一九二八〜二九年の局面で、ニューヨーク証券市場の「投機」に目を奪われてしまったために、景気が後退しかねない時期に利子率を引き上げるという間違った政策をとってしまった。

一九二八〜二九年の相次ぐ金利の引き上げは、アメリカからの海外投資を停止に近い状態にし、一九二九年にはヨーロッパからアメリカへの資金の逆流を招いた。国内では、減速懸念のあった住宅や自動車の販売にブレーキをかける結果を生んだ。さらに、一九二九年半ば以降の公定歩合引き上げは、利潤率の減少懸念から投資家たちの期待を決定的に下げる効果をもち、おそらくは十月の株価暴落の引き金になった可能性がある。

銀行破産という予兆

株価暴落後のフーヴァー政権による景気対策にどのような問題があっただろうか。

第一に、暴落から数ヵ月後には相当数の労働者の解雇が行われており、アメリカにおける恐慌の進展は予想以上に速かった。もともと一九二〇年代の「ブーム」自体が、労働者の数を減らし、機械化、自動化をともなってすすんでいたことを、当時の政策担当者は見抜けなかった。好景気だったから、旧来の製造業から解雇された労働者は新産業やサービス職に再雇用されることができた。株価暴落を機に解雇が始まってもいずれ、これまでのように別の産業に失業者が吸収されるはずだと政策担当者が見てもおかしくはない。一九三〇年から一九三一年の前半まではアメリカの恐慌もデフレ・スパイラルになってはいなかった。倒産を免れた企業には、立ち直るチャンスもあった。深刻な不況になりつつあるとの認識が政権のエリートたちに広がっていれば、その後の展開を和らげるような政策がとられた可能性はある。

第二に、一九三〇年秋から銀行倒産の第一波が中西部と東部で起きたとき、それらはまだニューヨークのマネーマーケットを揺るがすような広がりはもたなかったが、預金者の不安は高まっていた。もしも慧眼《けいがん》の連銀関係者であれば、株価の下落と銀行資産の不良化に因果関係を見出したかもしれない。つまり、銀行破産の開始は金融構造に起きていた激震を予示する兆候だったのである。ここでは、フリードマンらの、大規模な買いオペレーションが行われていれば、とする仮説が意味をもってくる。この段階での積極策は、恐慌がデフレ・スパイラルに転化することを未然に防ぐ意味をもちえた最後のチャンスだった。しかし、機会は逃された。

国際感覚の欠如

第三に、ケインズが世界全体の債権債務構造に注目したことを思い起こしたいのだが、この点で主要国はみすみす機会を逃した。債務が累積し、国際収支危機に陥っている開発途上国に対する何らかの協調融資でも行われていれば、それらが他の途上国やヨーロッパ諸国に伝染するのを防ぎ、あるいは遅らせることができたかもしれない。

ドイツ賠償問題を検討したヤング案にいたる会議や賠償の廃止を決めたローザンヌ会議も、あるいはフーヴァー・モラトリアムも遅すぎ、「救済」規模も小さすぎたのである。この点では、今日の世界システムはいろいろと批判はありながらも、ＩＭＦをはじめとするさまざまなセイフティネットを有している。

二〇〇八年の金融危機にさいしては、Ｇ20という形で二〇ヵ国の財務省・中央銀行総裁会議がワシントンで開かれたことは記憶に新しい。また、世界金融に深く巻き込まれて、外国資金が引き揚げられ、為替が暴落した小国アイスランドは、ＩＭＦ融資を要請した。ただ、一般的にはＩＭＦ融資の見返りとして開発途上国に要求される項目があまりにも定式化されすぎていて、フレキシビリティを欠き、それがかえって危機を増幅する可能性も指摘されている。他方で、リバタリアン（自由至上主義者）のなかには、ＩＭＦ廃止を主張する人もいる。

第四に、一九三〇年六月という、まだ恐慌が初期段階にあった時期にフーヴァーはホーレイ＝スムート関税法を通し、関税を一気に引き上げてしまった。これほど当時のホワイトハウスと共和党の国際感覚の欠如を示す事例も少ない。フーヴァーはもともとアメリカの生活レベルや賃金を維持するには、保護貿易が必要なのだという観念をもっていたが、当初はアメリカ農民を「救う」目的で企図された関税改正が工業利害まで組み込んで肥大化して成立してしまった。アメリカの農業や鉄鋼業は世界経済の回復によってのみ本当に救われるのだ、という主張は、当時聞かれなかった。世界恐慌から脱出するのは、それぞれの国の責任だという観念がこれ以降浸透してしまった。後任のローズヴェルトも、自国の物価上昇を優先することで、一九三三年六月にロンドン世界経済会議を破綻に追い込んでしまい、結果的には恐慌に対して世界全体で当たるというムードを壊した。こうしてみると、二〇世紀の景気循環は、政策要因を組み入れてはじめて正しく把握することができるのである。

ついに政府がわれわれの立場に立った

ニューディールは一九三三年三月という、大恐慌の最下底の時点で開始され、ヨーロッパで第二次大戦が開始された一九三九年にはほぼ終了した。それらをどう評価すべきだろうか。

まず、ローズヴェルト就任と同時に銀行休日が実施され、銀行再開から、公的資金の導入による銀行不良債権の処理、そして銀行改革への流れと、金本位制離脱からドル切り下げへの通貨政策の流れがあるが、順序としてこれらに最初に着手した点は評価できる。当時の世界経済ではアメリカと金ブロックのフランスなどを除いては金本位制から離れていたから、アメリカは金本位制を離脱して、離脱諸国と足並みをそろえることによって景気回復への足がかりを得ることができた。それらはデフレ・スパイラルに陥っていた恐慌に対してLMカーブの右シフト効果を与えて、まず低迷していた農産物価格を反転上昇させた。農産物輸出が伸び、農産物の購買力増加にともなって投資財の生産が増加しはじめた。つまり、ここではリフレーション的通貨政策が実需の増加を呼び込む方向性を示したのである。

イギリスの金本位制離脱、ポンド切り下げがアメリカをはじめとする金本位制国に「近隣窮乏化」効果を与えたのとの対比でいえば、ドルの切り下げはフランスなど金ブロック諸国に同様の効果を与えたであろうが、フランスもやがて追随するので、その効果は短期なものにとどまった。今日の世界では、変動相場制をとる国が一番多いが、ユーロのように、国民経済レベルを超えた共通通貨を共有している諸国も多く、また、ドルにペッグしている国や地域もある。地域的な通貨のまとまりがいちばん弱いのは、アジア地域である。

農業政策としての農業調整法（AAA）、および農家負債の再融資、債権債務関係の再調整は、農民の苦難に対して救済の手をさしのべたばかりでなく、減反実施のプロセスへの農家自身の関与を含めて、連邦政府の政策が「与党」的感覚をもった農民を対象に実施されていくという形となった。これはおそらく「ついに政府がわれわれの立場に立ってくれるようになった」との期待を込めた心理変化を農民たちにもたらしたにちがいない。減反が供給を減らしたかどうかは不明だが、農業経営者が現金収入を獲得したことはプラスにはたらいた。

物価下落に歯止め

ＮＩＲＡは評価が難しい。ただ、当初の「政府とビジネスのパートナーシップ」を通じたコード締結によって、下がる一方だった工業関連価格に歯止めをかけた意味がある。物価引き上げ政策としては、通貨のリフレーションと補完的な関係にあったといえる。それと、労働者保護条項が労働者全体を活気づけ、不況下にもかかわらず、組合結成という目標に向かって邁進《まいしん》しはじめたことも、中期的には景気回復にプラスであったろう。ただし、同じことの反面として、在職者の賃金が上昇しはじめたので、企業としては新しく労働者を雇用することがコスト面から苦しくなったとはいえよう。他方で、当時のパートタイマーの就業状況と彼らの生活レベル以下的賃金を思えば、ワグナー法を経て一九三八年の公正労働基準法にいたる最低賃金規制の流れも理解できるだろう。

対外的には互恵通商法が双務主義的方法によって貿易拡大をめざし、イギリス、フランスとの通貨安定は、一九三六年の三国通貨協定にいたる経緯が一応の解決にはなったが、この側面については、時代の制約が大きい。すでにイギリスはオタワ協定によって帝国特恵制度を開始していたし、ファシズムにはしった諸国との国際協力も困難であったろう。本当の意味で国際的な協力関係の構想は、戦後通貨体制の構想としてのホワイト案を待つしかなかったのである。

社会改革をともなうケインズ政策

ケインズ的赤字財政政策の採用の遅れはどう考えるべきだろうか。

一九三一〜三六年の連邦財政収支は赤字だった。とくに、一九三四〜三六年の赤字はこれまで以上の規模だった。そこで、ローズヴェルトと議会は一九三五年の歳入法で個人所得税や法人税の増税を含む増税法をもって歳入確保に乗り出した。そのためもあり、収支バランスは大幅に回復するが、景気は腰折れ状態になり、「ローズヴェルト不況」を迎えた。このときの予算均衡に向けた努力は、フーヴァーの一九三一年歳入法のときに似ているが、違う点は前者が恐慌が悪化している最中に実施されたことであり、後者が景気回復が進行しているとの認識に立って行われた点であろう。いずれにせよ、一九三六年初頭に財政赤字の増大を認識したときに、明瞭にケインズ的な感覚が行政府にあれば、結果は異なっていたであろう。

「ケインズ的」という用語で注意しなくてはならないのは、社会構造改革を含んだケインズ政策がときに「社会ケインズ主義」と呼ばれたりすることでわかるように、社会改革の発想が当初からそこにあったわけではないことだ。だから、ニューディール的社会改革が一段落し、戦争経済も終わって戦後を迎えたときに「中立的ケインズ主義」という用語があらわれている。ニューディールで評価できる点は、財政が改革に対して中立的になる前に、社会保障やインフラ整備を含めさまざまな経済改革もやってしまったことであろう。

新しい経済をめざして

行論でも指摘したように、両大戦間期の世界で自動車とともに登場した「アメリカ的生活様式」または、「アメリカの夢」は、アメリカ人ばかりでなく、世界の人びとにたいしても新しい資本主義の姿をかいま見せた。だが、大量生産と大量販売、そして分割払いの普及は設備過剰の深刻化という別の問題点をほぼ同時にかかえることになった。今日、二〇〇八年以降の世界不況下で自動車業界が苦境におちいっているが、自動車生産能力をはじめとする世界の供給構造の過剰化については久しく叫ばれていた問題である。

他方で、製造業にたよらない経済の姿は一九九〇年代の今日でも、やはりアメリカが情報ネットワーク化、サービス経済化の旧来の経済への組み込みという形でモデルを示している。そこで、おそらくはこの波に乗りきれずに苦難の渦中にある日本経済がアメリカにならって発展の方向を見出すべきかどうか、という問題がある。情報化、知識産業化、サービス化の方向に踏み出さなければ、現在製造業、建築、食品、農業などで過剰化している労働者を吸収することは困難であろう。昭和恐慌の前段階で、井上準之助がグローバル・スタンダードである金本位制への復帰に執着したために、結果的には日本経済に強烈なデフレ・ショックという打撃を与えることになった過去に学ぶ必要もあろう。

ただ、高橋財政のときもそうだったが、あの「ケインズ的」政策の採用は、同時代のアメリカのように、かなりオープンな官民あげての政策論争の末に政策が選びとられたのではなく、いわば傑出したエリートの果断な決断という性格をもっていたように思われる。アメリカでは大恐慌の下でもとくにデフレ・スパイラルが深刻になった後期の局面では、農村地帯を中心に、およそ農民新聞、地方新聞、その他のメディアを通じて「物価引き上げ」を求める澎湃《ほうはい》とした民衆の声が聞こえるのを、当時の史料を点検した研究者は気がついたにちがいない。フーヴァーとローズヴェルトの違いは、おそらく前者がそうした声を無視したのにたいして、後者がそれを事実上取りあげた点にこそあった。したがって、今後の日本経済が歩むべき道の議論は官僚や政治家、あるいはエコノミストにまかせきりにせずに、大衆的に、オープンに行うべきであろう。以下に、いくつか具体的な課題を述べてみたい。

ローズヴェルトはまず金融機関の安定と不良債権の処理、農民、都市住宅所有者などの債務者の救済など、総じて通貨、金融に関連することから手をつけて、金本位制を離脱し、ドルをフロートさせ通貨を安くして債務者の負担を軽減し、当時「リフレーション」と呼ばれた政策を採ったあとで、景気回復と経済構造改革を組み合わせた政策を追求した。構造改革では、彼はそれまでの経済の弱い環である農民、労働者、消費者をどう強くするかに意を用いた。

日本経済の「弱い環」

平成不況の最終局面で日本は、銀行その他の金融機関の不良債権の金額を確定して、処理を本格化させた。日本の昭和恐慌では、銀行はあまり倒産しなかったが、これは数年前の昭和金融恐慌にさいして、金融機関の不良債権処理が終わっていたからだといわれる。この問題についてはすでに多くの議論がなされているので、本書でつけ加えることはないが、銀行改革の前後にアメリカ議会で行われた金融機関の情報開示はまことに徹底したものであった。それらが改革を求める民衆の声に弾みをつけたであろうことは想像に難くない。

次に日本経済の「弱い環」とは何か、という点だ。まずいえることは、日本が生産者、ないしは製造業優位の経済体制の国（いわば生産者資本主義）であるため、アメリカに比べて消費者意識や消費者の権利、消費の大切さについての関心が一般化するのが歴史的に見ても遅かった。日本では何よりも労働者は会社人間であり、会社から離れた地域や家庭、あるいは自分が一人の消費者として行動せざるをえないときにきわめて弱い立場に立たされる。

その点、アメリカではそもそも労働者の雇用主＝会社に対するスタンスが日本よりも独立的で、労働者の価値観の中でも会社よりも家庭や地域が上位を占めている場合が多い。アメリカでは解雇された労働者が別の企業に雇用を求めているときに、自ら「起業」することが彼らの選択肢になる場合が多い。

近年では過剰消費という面から批判されることの多いアメリカ人の消費だが、彼らの消費行動の活発さは長年の政府や消費者団体による消費者保護の法律や慣行によって守られている面が大きい。大型の商品でも買ったあとに欠陥が発見された場合、消費者の側の損失にならない場合が圧倒的なのだ。日本では住宅ですら住み始めてから数ヵ月後に欠陥が見つかり、購入者が泣き寝入りする事例がある。

また、アメリカでは自動車保険などの保険商品は実質補償を最大の目標にしているので、事故後の手続きがまさにビジネスライクで保険金の支払いも速い。日本では自賠責のような強制保険でも保険金が支払われないケースが多い。

消費者の権利を守る方向により一層近づくには、各人が消費者の立場からものを考えるという発想の転換が必要である。その意味で福田内閣が打ち出した消費者庁の提案は、遅すぎた感はあるものの、正しい方向といえる。消費者の立場がもっともっと尊重されるようになれば、個人消費という経済指標も景気にあまり左右されない底堅いものになる可能性がある。

雇用の安定とは

次に、大恐慌の経験から労働者にとって何よりも仕事の安定が重要となり、仕事と賃金の確保が各国政府経済政策の大きな目標となった。日本は高度成長から安定成長と失業率のきわめて低い、完全雇用状態が長く続いたが、新自由主義的政策や雇用のフレキシブル化によって、非正規労働者の大量採用となり、昨今のような不況下での非正規労働者解雇にともない、ホームレス化する人びとがふえて社会問題化するという、まさに大恐慌期アメリカを彷彿《ほうふつ》とさせるような深刻な事態が発生している。

「完全雇用」の時代には、雇用があるということは、住宅も賃金も人並みということを意味していた。今日それが崩れたことは、雇用確保の本来の意味に立ち返って政策を練り直す必要があることを示しているのだろう。

都市の再生

さらにニューディールが農業の復興を優先させたこととの対比でいえば、二一世紀の日本では、やはり都市の再生が目標になる必要があろう。もしも、「都市」という言葉のイメージが混雑、悪い空気、通勤の苦難、狭い居住空間、といったものであるなら、都市自体の再定義が必要なのだ。

オレゴン州ポートランド市は一九七〇年代半ばから他の自治体にならわない形式で法律をつくり、住宅と雇用と商店を中心から三五四平方マイルの面積に閉じこめてしまうことにした。その外側には、田園、森林、農場が広がっている。当初、人口減少や企業の流出などを懸念する声もあったが、人口は増加し、付近に豊かな自然環境を求めて、企業も立地している（"Portland's Hard Line on Managing Growth", *The New York Times*, December 30 1996.）。

ここ一年ほどのあいだ、アメリカでも日本でも原油や小麦など、資源や第一次産品が価格上昇を経験し、パソコンやデジタル家電などの日本が輸出を得意としたハイテク製品が大量に出回って安価となっている。パソコンでいえば、三万〜五万円で買える機能をしぼったノートパソコンが売り上げを伸ばしているのはその一例である。日本が世界市場で調達しなくてはならない資源や農産物が高くなり、輸出を得意とした家電製品が安くなっているのだから、もはや円安は武器にならず、円高を受け入れて、原材料面からコストを下げ、より付加価値の高い製品を国内、海外市場に投ずるしかない。

原油高は生活面から省資源的な暮らしを追求せざるをえないことを明瞭にした。都心に仕事場がある場合、アメリカでは従来安いガソリンを浪費して、一時間ほどのクルマ通勤をものともしない生活様式が目立ったが、最近ではカーシェアやバス輸送などの再評価が進みつつあるという。石油を大量消費する軍事行動は論外である。軍需に頼らず、民衆の生活の再建をめざしながら、住宅など基本的な生活条件を確保しようとしたニューディールの方向性をあらためて評価すべきだろう。それは、アメリカ史の中でも例外的な時代だった。

国民的議論の中からビジョンを

産業構造を二一世紀型に、つまり情報化、ネットワーク化、サービス化へ向けた投資が必要だ、といっても、それを政府の指導で行うというのでは本末顛倒《ほんまつてんとう》だ。たとえば、競争力のある製造業を無理に縮小する必要はないので、より付加価値を高めたインプットによって、既存のものとはまるで異なった商品が生まれてもいいのである。選択肢は多いほうがよい。どういう形に日本の産業構造を変えていくかについて、ビジョンを審議会で出すのは結構だが、そのビジョンを固定化することなく、民間企業と個人の創意にまかせて、産業ごとの垣根を取り払い起業をやりやすくすることも政府の役割である。仮に旧来の産業から解雇される人びとがふえても、それを新産業で吸収していくことが可能になるだろう。

世界経済のなかでの日本を考える場合、覇権国アメリカに起きている変化に注意をしたい。国際通貨発行特権を有するドルをコントロールするには連邦準備理事会とアメリカ財務省の双方にとって最大の節度とモラルが必要である。クリントン政権末期についに連邦財政赤字が消えて、黒字を記録したとき、アメリカ国債のマーケットはどうなるのだろうと心配したことが昨日のことのようだ。その後ブッシュ政権による大減税と二つの地域での戦争がつづき、財政はあっという間に赤字となり、さらに、今回の金融危機対策のためにビッグスリーを含めて政府による企業や銀行救済に巨額の財政負担が必要となろう。

クルグマンのように、現在は赤字を気にするときではないとの主張も多い。力強い経済成長が数年続けば、財政赤字は縮小に向かうからだ。多くの論者が心配する、アメリカ財政の赤字がドルの下落を通じて国際通貨体制を揺るがす径路も、各国が為替の動向を監視することで急激な変化を避けることはできよう。ドル安は中期的にはアメリカの輸出増加を通じて貿易赤字を修正する方向に動くだろう。むしろ、景気が上向きだしたときに、世界中でだぶついた資金が雪崩を打って株式市場のみならず、商品市場に流れ込み、世界物価を押し上げてインフレーションを構造化させることのないようにしなくてはならない。

しかしながら、グローバル化した世界では、どのような国内経済政策も、あるいは金融商品も、その国のGDPの大きさに応じて世界経済にインパクトを与えずにはいない。このことこそ、二〇〇八年に決定的に悪化した金融危機がわれわれに残した教訓なのである。国際協調により、さまざまな恐慌対策を効果的に打たなくてはならないが、そのためには連邦準備理事会議長や、アメリカ財務長官、欧州中央銀行（ECB）総裁などと十分にわたりあってわが国の利害を主張することのできる、ビジョンと学識を持った日銀総裁や財務長官が日本には必要である。

あとがき

一九九九年に講談社から選書メチエの一冊として発行されてから、ちょうど一〇年目に本書は講談社学術文庫として「復刊」することとなった。前著の冒頭には一九九七年アジア金融危機のことが引用されているが、今回眼前にしているのは、それよりはるかに巨大で深刻なアメリカ発のサブプライム・ローン金融危機である。アメリカでもついに景気後退入りが宣言され、二〇〇八年一二月現在、日米株式市場ともに、底を打ったとはいえない状況である。株式市場の乱高下を見ていると、パニックとはこういうものだったのか、とあらためて認識させられた思いがする。グリーンスパン前FRB議長が議会公聴会で最近、過去における自分の行動の責任を「部分的に」認めたと報じられたが、彼は同時に、バブルは予測不可能だし、仮にサブプライムで破裂しなかったとしても、いずれ何らかのほかの原因でパニックになったかもしれない、と指摘している。

わが国の論壇では、いよいよアメリカ型の資本主義には弔鐘が鳴らされ、明日からはまったく違った世界が出現するのだとしばしば主張されている。金融商品はきちんと規制され、サブプライムのようなとんでもない証券化商品はなくなる、と。だが、歴史を見ればわかるとおり、バブルは消えてなくならないだろう。今回も、いろいろな金融商品が顧客を集める競争を行って、多くの人びとが儲《もう》けたとなれば、売りのパニックの反対の、買いの狂想曲が奏でられ、最初のうちはかなり綿密な調査とリスク管理の下に販売されていた「確実な」商品も、市場に出せば売れるとなれば、やがては必要な手続きを省略したリスクテイクの高い商品ですらそれとわからずに売れてしまうことになる。要は、市場参加者にとって儲けが目的なのだから、最初に参加した後で、危険を感じて売り逃げした人の多くはそこその利ざやを稼いだであろう。この点は、大恐慌にいたる一九二〇年代後半の株式ブームでも同じだった。

ただ、本文にも書いたとおり、いったん恐慌が起きれば、ゲームに参加した人だけが損失をこうむるのではない。景気減速により企業倒産が起これば、その企業の従業員はもとより、多くの直接的にはかかわりのない人びとまでもが失業し、収入の激減に悩み、生活の予想もしないような変化に見舞われる。しかも、そうした人びとにとってのショックは多くの場合、ゲーム参加者のそれに比べてはるかに大きなものとなろう。だからわれわれは、少しでも納得のいくより良い投資環境を創るためにたえず知恵を集めなくてはならないのである。

本書はアメリカにおける大恐慌の経験を一部日本の事情とも比較しながら、その流れに注意しまとめたものだが、同時にしかし、コンパクトな形ではあれ、大恐慌の時期の様子をひととおり知っておきたい、という読者の関心にも応える書物であると私は考えている。ただ、歴史は膨大な史実の蓄積から成り立っているので、今後もアメリカを中心に新しい解釈をともなった大恐慌の歴史が書かれていくだろうと思う。

本書が形をととのえるについては、お話をもってこられた学術文庫出版部の稲吉稔氏と布宮慈子氏に大変お世話になった。記して感謝したい。

二〇〇八年師走の寒空のもとで

著　者

参考文献

読者が一九二九年大恐慌をより深く知りたいときに役立つと思われる文献について、比較的新しく、入手しやすいものを中心に、あげることとする。

〈大恐慌全般にかんして〉

Robert S. McElvaine, *The Great Depression : America, 1929-1941* (Times Books, 1984).
Michael A. Bernstein, *The Great Depression : Delayed Recovery and Economic Change in America, 1929-1939* (Cambridge U P., 1987)；益戸欽也・鵜飼信一訳『アメリカ大不況』（サイマル出版会、一九九一年）
Peter Temin, *Lessons from the Great Depression* (MIT Press, 1989)；猪木武徳他訳『大恐慌の教訓』（東洋経済新報社、一九九四年）
Charles P. Kindleberger, *The World in Depression, 1929-1939* (University of California Press, 1973)；石崎昭彦・木村一朗訳『大不況下の世界 1929-1939』（東京大学出版会、一九八二年）
T. H. Watkins, *The Great Depression : America in the 1930s* (Little Brown, 1993).
Michael D. Bordo et al eds., *The Defining Moment : The Great Depression and the American Economy in the Twentieth Century* (University of Chicago, 1998).
Barry Eichengreen, *Golden Fetters : The Gold Standard and the Great Depression, 1919-1939* (Oxford, 1992).
侘美光彦『世界大恐慌：一九二九年恐慌の過程と原因』（御茶の水書房、一九九四年）
林敏彦『大恐慌のアメリカ』（岩波新書、二〇〇三年）

Amity Shlaes, *The Forgotten Man : A New History of the Great Depression* (Harper Collins, pub., 2007)；田村勝省訳『アメリカ大恐慌「忘れられた人々」の物語』上下（ＮＴＴ出版、二〇〇八年）

〈株式ブームと銀行恐慌〉

John K. Galbraith, *The Great Crash, 1929* (Houghton, 1954)；村井章子訳『大暴落１９２９』（日経ＢＰ社、二〇〇八年）

Gordon Thomas & Max Morgan-Witts, *The Day the Bubble Burst* (Doubleday, 1979)；常盤新平訳『ウォール街の崩壊』（上下）（講談社学術文庫、一九九八年）

小林真之『株式恐慌とアメリカ証券市場：両大戦間期の「バブル」の発生と崩壊』（北海道大学図書刊行会、一九九八年）

Barrie A. Wigmore, *The Crash and Its Aftermath : A History of Securities Markets in the United States, 1929-1933* (Greenwood, 1985).

Elmus Wicker, *The Banking Panics of the Great Depression* (Cambridge U P., 1996).

Ronnie J. Phillips, *The Chicago Plan and New Deal Banking Reform* (M. E. Sharpe, 1995).

Frank G. Steindl, *Monetary Interpretations of the Great Depression* (Michigan, 1995).

〈ニューディール政策と一九三〇年代のアメリカ〉

秋元英一『ニューディールとアメリカ資本主義』（東京大学出版会、一九八九年）

紀平英作『ニューディール政治秩序の形成過程の研究』（京都大学学術出版会、一九九三年）

Louis W. Liebovich, *Bylines in Despair : Herbert Hoover, the Great Depression, and the U. S.*

News Media (Praeger, 1994).
William E. Leuchtenburg, *The FDR Years : On Roosevelt and His Legacy* (Columbia, 1995).
William J. Barber, *Designs within Disorder : Franklin D. Roosevelt, the Economists, and the Shaping of American Economic Policy, 1933-1945* (Cambridge U P., 1996).
James S. Olson ed., *Historical Dictionary of the New Deal : From Inauguration to Preparation for War* (Greenwood, 1985).
Richard H. Pells, *Radical Visions and American Dreams : Culture and Social Thought in the Depression Years* (Harper, 1973).
David Tyack et al., *Public Schools in Hard Times : The Great Depression and Recent Years* (Harvard, 1984).
Irving Bernstein, *A Caring Society : The New Deal, the Worker, and the Great Depression* (Houghton, 1985).
Bernard Sternsher ed., *Hitting Home : The Great Depression in Town and Country* (Elephant paperbacks, 1989).
Lois Scharf, *To Work and To Wed : Female Employment, Feminism, and the Great Depression* (Greenwood, 1980).
Joan M. Crouse, *The Homeless Transient in the Great Depression : New York State, 1929-1941* (State Univ. of New York, 1986).

〈日本の昭和恐慌と国際比較〉
中村隆英・尾高煌之助編『二重構造』［日本経済史6］（岩波書店、一九八九年）

中村隆英『昭和恐慌と経済政策』（講談社学術文庫、一九九四年）
高橋亀吉・森垣淑『昭和金融恐慌史』（講談社学術文庫、一九九三年）
Ronald Dore & Radha Sinha eds., *Japan and World Depression : Then and Now* (St. Martin's, 1987).
Ian Brown ed., *The Economies of Africa and Asia in the Great Depression* (Routledge, 1989).
Dietmar Rothermund, *The Global Impact of the Great Depression, 1929-1939* (Routledge, 1996).

解説

林　敏彦

元連邦準備制度理事会議長アラン・グリーンスパンが二〇〇八年九月一四日、ABCテレビの"This Week"で語った言葉が一人歩きしている。「まず第一に、今回のことは半世紀に一度の、いやおそらく一世紀に一度といったタイプの出来事だということを認識しよう」。

その翌日には、米国第四位の投資銀行リーマン・ブラザーズの破産が発表された。一〇月二三日、グリーンスパンはまた下院の委員会でこう述べた。「われわれは一世紀に一度の信用ツナミの真っ只中にいる」。二〇〇七年の米国サブプライム・ローン大量返済遅延に端を発し、証券化金融商品と株価の暴落で世界中にパニックが走った世界金融危機をグリーンスパンはこう評したのである。

「百年に一度の金融危機」という言葉は日本の政治家にも伝染し、国会の論戦にもたびたび登場するようになった。一〇〇年前と言えば当然一九二九年に始まった世界大恐慌が含まれる。レトリックはやがて「大恐慌以来の世界的危機」へと変化していった。テレビ番組のコメンテーターをはじめ、マスコミもたびたび「大恐慌」との対比を話題にするようになった。

しかし、一九三〇年代の世界大恐慌は、悪魔の辞典風に言えば「古典的な」事件である。悪魔の辞典では、「古典」とは、誰もが言及するが本当は誰も読んだことがない本のこととされる。同じように「大恐慌」も、誰もが言及するが本当は誰も真剣に研究したことがない事件なのである。

もちろん経済史の専門家は、八〇年前の大恐慌の解釈について今日でも論争を繰り広げている。大恐慌あるいは大不況という題名をもつ英文の書籍だけでも、国会図書館に一〇三冊が収蔵されている。過去の英文での研究書はおそらく五〇〇冊を超えるだろう。専門的研究論文は、何千点あるか見当もつかない。

ここにおいて専門的研究と現実の政策論争との橋渡しが極めて重要となる。本書の著者秋元英一氏の意識もそこに向けられている。

秋元氏はアメリカ経済史の大家であり、大恐慌の研究においても『ニューディールとアメリカ資本主義』で学会の評価を確立しておられる。歴史家の作法として、秋元氏の叙述は、数値データ、引用文献、新聞記事などすべて一次ソースに依拠して進められ、それらの出典が明記される。この作業には膨大なエネルギーを要するが、それが秋元氏の作品に深みを与えている。

その秋元氏の『世界大恐慌——一九二九年に何がおこったか』は、大恐慌期という歴史を生きた人々の横顔を浮き彫りにし、歴史を国際社会という空間に展開してみせ、歴史に安易な今日的課題の解決策を求める人々に警告を発している。

じっさい一九三〇年代の大恐慌は、失業率二五パーセント、卸売物価の五〇パーセント下落や、名目GDPの五〇パーセントの収縮といった数字に示されるような、単なる経済的イベントではなかった。それは経済社会の内在的諸要因の絡まりあい、外生的ショック、テクノロジー、政治、国際関係、時代のうねりといった、まさに歴史そのものの動きであり、それ自体がその後の世界の歴史を動かす契機となった注目すべき一大エポックであった。

したがって、大恐慌を経済変数のみによって理解しようとすることは、歴史を英雄豪傑だけのストーリーとして語ることにも似て、空疎である。一九二九年当時、アメリカの人口は今日の日本と同じ一億二〇〇〇万人であった。歴史の節目に生きたそれらの人々の生き方、知識や能力の限界、夢や希望や勇気、貧困家庭からアメリカンドリームを実現したフーヴァーや、小児麻痺の後遺症で車椅子の生活だったローズヴェルトの心の中まで、気配りの行き届いた叙述は、プロの歴史家でなければ不可能である。

その時代に生きていなかった人間にとって、分らないことは無数にある。大恐慌の中で四分の一の労働者が職を失ったということは、残りの四分の三は職についていたという意味であろうが、彼らはどのような産業でどのような仕事をしていたのだろうか。暗黒の木曜日に始まる株価大暴落で投機筋の大物たちが没落していったというが、同じく信用買いをしていた靴磨きの少年や大学教授はどうなったのだろうか。当時のアメリカで農業部門は一大基幹産業だったが、土地を失ってさまよう『怒りの葡萄』(ジョン・スタインベック)のオーキーズ(オクラホマ出身の農民)やアーキーズ(アーカンソー出身の農民)の姿と、映画「アンタッチャブル」に描かれたシカゴのギャングたちの暮らしとはどう関連していたのだろうか。それらの答えのすべてではないにしても、いくばくかは本書の中に見出せる。

本書の特徴を要約すれば次の二点に集約できるであろう。

第一は、本書の今日的意義を最も高からしめている最大の特徴として、本書が「世界」大恐慌をテーマとしている点である。つまり本書は、アメリカの大恐慌でもなく、日本の昭和恐慌でもなく、世界大恐慌を語っている。秋元氏は、アメリカの大恐慌はアメリカ単独の事件ではなく、「第一次世界大戦が主要大国間の力関係を変えてしまった」ことが基本にあると指摘する（本書六三ページ）。イギリスの経済力の低下とそれにかわるアメリカ合衆国の台頭が、資本主義システム全体を不安定にした中で、世界の農業問題が深刻化し、アメリカの内需が限界を迎えつつあった一九二〇年代末に大恐慌は発生した。

この認識は、アメリカの大恐慌は、世界経済の重心がイギリスからアメリカに移っていく歴史的転換点において、未成熟なアメリカが経済的覇権のバトンの受け取りを拒否した真空状態の中で世界に急拡散していったというキンドルバーガー（一九七三）にも通じるものがある。しかし秋元氏の展開は、国際農業不況から金本位制の停止とその後の各国通貨の切り下げ競争が招いた国際取引の収縮まで、国際経済の記述を中心に豊かで深いものがある。この秋元氏の歴史認識こそ、歴史の中でくりかえされる世界的金融危機を理解する上で最も示唆に富んだ視点だと言えよう。

そして第二の特徴は、歴史家としての細部へのこだわりである。Hoover はフーヴァーでなければならないし、Roosevelt はローズヴェルトでなければならない。ニューディール政策は雑多な政策の集合で、相互に矛盾も多く、首尾一貫性を欠いていたと評される。実際どうだったのか。

秋元氏の叙述は、歴史の後知恵ではなく、同時代に生きた登場人物の視点で貫かれている。そして秋元氏のニューディール政策への評価は温かい。本書では最後に「昭和恐慌と高橋財政」の項目が追加され、日本のケインズと呼ばれた高橋是清の財政政策とニューディール政策の類似点が指摘されている。ここに同時代性を視野に収めつつ、現代の日本に生きるわれわれの問題意識の喚起をうながそうとする歴史家ならではの思いを見ようとするのは、うがちすぎだろうか。

実は筆者も一九八八年に『大恐慌のアメリカ』（岩波新書）を上梓した。もともと一介の理論経済学者にすぎない筆者が自分の勉強のために書いた大恐慌の話など、秋元氏のような歴史家の目から見れば噴飯ものだったに違いない。それでも、この新書は出版後ほぼ一〇年周期で訪れた「大恐慌の再来」騒ぎの中で、今日まで二〇年を生きながらえている。今日的課題の解決策を安易に歴史に求めることに意味はない。しかし、歴史に学ぶことは解決策を考える土台になる。拙著が読者の要求にこたえているとすれば、その点であろうし、本書もまた同じく読む者の思考の糧となるに違いないだろう。

秋元氏のどっしりした本書は、文庫入りしたことで改めて古典の仲間入りを果たしたと言えよう。悪魔の辞典に言う「古典」ではなく、絶えず時代に新しい視点を提供し続ける真の意味の古典として、末永く読み継がれることを心から願ってやまない。

（放送大学教授）

本書の原本は、一九九九年、小社より刊行されました。

秋元英一（あきもと　えいいち）

1943年東京都生まれ。東京大学経済学部卒業，同大学大学院博士課程修了。千葉大学法学部教授を経て現在，千葉大学名誉教授，帝京平成大学教授。経済学博士。専攻はアメリカ経済史。主な著書に『ニューディールとアメリカ資本主義』『グローバリゼーションと国民経済の選択』（編著）『アメリカ経済の歴史1492-1993』など。

講談社学術文庫

定価はカバーに表示してあります。

世《せ》界《かい》大《だい》恐慌《きょうこう》　1929年《ねん》に何《なに》がおこったか

秋元英一《あきもとえいいち》

2009年２月10日　第１刷発行
2017年５月15日　第６刷発行

発行者　鈴木　哲
発行所　株式会社講談社
東京都文京区音羽 2-12-21 〒112-8001
電話　編集（03）5395-3512
販売（03）5395-4415
業務（03）5395-3615

装　幀　蟹江征治
印　刷　株式会社廣済堂
製　本　株式会社国宝社
本文データ制作　講談社デジタル製作

ISBN978-4-06-291935-7

「講談社学術文庫」の刊行に当たって

これは、学術をポケットに入れることをモットーとして生まれた文庫である。学術は少年の心を養い、成年の心を満たす。その学術がポケットにはいる形で、万人のものになることは、生涯教育をうたう現代の理想である。

こうした考え方は、学術を巨大な城のように見る世間の常識に反するかもしれない。また、一部の人たちからは、学術の権威をおとすものと非難されるかもしれない。しかし、それはいずれも学術の新しい在り方を解しないものといわざるをえない。

学術は、まず魔術への挑戦から始まった。やがて、いわゆる常識をつぎつぎに改めていった。学術の権威は、幾百年、幾千年にわたる、苦しい戦いの成果である。こうしてきずきあげられた城が、一見して近づきがたいものにうつるのは、そのためである。しかし、学術の権威を、その形の上だけで判断してはならない。その生成のあとをかえりみれば、その根は常に人々の生活の中にあった。学術が大きな力たりうるのはそのためであって、生活をはなれた学術は、どこにもない。

開かれた社会といわれる現代にとって、これはまったく自明である。生活と学術との間に、もし距離があるとすれば、何をおいてもこれを埋めねばならない。もしこの距離が形の上の迷信からきているとすれば、その迷信をうち破らねばならぬ。

学術文庫は、内外の迷信を打破し、学術のために新しい天地をひらく意図をもって生まれた。文庫という小さい形と、学術という壮大な城とが、完全に両立するためには、なおいくらかの時を必要とするであろう。しかし、学術をポケットにした社会が、人間の生活にとってより豊かな社会であることは、たしかである。そうした社会の実現のために、文庫の世界に新しいジャンルを加えることができれば幸いである。

一九七六年六月

野間省一

君主論
ニッコロ・マキアヴェッリ著／佐々木　毅全訳注
大文字版
近代政治学の名著を平易に全訳した大文字版。乱世のルネサンス期、フィレンツェの外交官として活躍したマキアヴェッリ。その代表作『君主論』を第一人者が全訳し、権力の獲得と維持、喪失の原因を探る。
1689

経済学の歴史
根井雅弘著
スミス以降、経済学を築いた人と思想の全貌。創始者のケネー、スミスからマルクスを経てケインズ、シュンペーター、ガルブレイスに至る十二人の経済学者の生涯と理論を解説。珠玉の思想と哲学を発掘する力作。
1700

『資本論』を読む
伊藤　誠著
経済学のバイブル的書物『資本論』。マルクスは当時の人々の生活を見据え、資本主義経済の仕組みを分析した。その厖大で難解な名著のエッセンスとなる章句を選び出し、懇切な解説を施し、その魅力を説く。
1796

比較制度分析序説
青木昌彦著
経済システムの進化と多元性
普遍的な経済システムはありえない。アメリカ型モデルはどう進化していくか。日本はどう「変革」すべきか。制度や企業組織の多元性から経済利益を生み出すための「多様性の経済学」を、第一人者が解説する。
1930

共産党宣言・共産主義の諸原理
K・マルクス、F・エンゲルス著／水田　洋訳
全人類の解放をめざした共産主義とはなんだったのか。力強く簡潔な表現で、世の不均衡・不平等に抗する労働者の闘争を支えた思想は、今なお重要な示唆に富む。斯界の泰斗による平易な訳と解説で読む、不朽の一冊。
1931

世界大恐慌
秋元英一著（解説・林　敏彦）
1929年に何がおこったか
一九二九年、ニューヨーク株式市場の大暴落から始まった世界的大恐慌。株価は七分の一に下落、銀行倒産六千件、失業者一千万人。難解な専門用語や数式を用いず、庶民の目に映った米国の経済破綻と混乱を再現。
1935

政治・経済・社会

村上一郎著／竹内　洋解説
岩波茂雄と出版文化　近代日本の教養主義

日本の学歴社会の進展において、岩波書店にはどんな役割があったのか？　アカデミズムと出版社には、相互依存はなかったのか？　教育社会学の第一人者による丁寧な解説を付し、近代日本出版文化史を読み解く。

2208

根井雅弘著
経済学再入門

スミス、シュンペーター、フリードマン……。「市場」「競争」「均衡」「独占」「失業」「制度」「希少性」……キーワードも再検討する。古典派から現在にいたる多様な経済思想を、歴史的視野から捉え直す入門書。

2230

川崎　修著
ハンナ・アレント

二十世紀思想の十字路と呼ばれたアレントは、全体主義を近代精神の所産として位置づけることで現代の苦境を可視化し、政治の再定義を通じて公共性を可能にする条件を構想した。その思想の全体像を描き出す。

2236

ジョン・メイナード・ケインズ著／山形浩生訳
お金の改革論

インフレは貯蓄のマイナスをもたらし、デフレは労働と事業の貧窮を意味する――。経済学の巨人は第一次世界大戦がもたらした「邪悪な現実」といかに格闘したか。『一般理論』と並ぶ代表作を明快な新訳で読む。

2245

吉野俊彦著（補論・鈴木淑夫）
歴代日本銀行総裁論　日本金融政策史の研究

明治十五年（一八八二）、近代的幣制を確立すべく誕生した日本銀行。明治から平成まで「通貨価値の安定」のため、時々の総裁はいかに困難に立ち向かったか。三十一代二十九人の行動を通してみる日本経済の鏡像。

2272

松原岩五郎著（解説・坪内祐三）
最暗黒の東京

明治中期の東京の貧民窟に潜入した迫真のルポ。残飯屋とは何を商っていたのか？　人力車夫の喧嘩はどんなことで始まるのか？　躍動感あふれる文体で帝都の貧困と格差を活写した社会派ノンフィクションの原点。

2281